CLAUDE BERNARD

ARTHUR DE BRETAGNE

DRAME INÉDIT

En cinq actes et en prose

AVEC UN CHANT

Publié

AVEC DEUX PORTRAITS ET UNE LETTRE AUTOGRAPHE

De Claude Bernard

PRÉCÉDÉ D'UNE PRÉFACE HISTORIQUE

DE

M. GEORGES BARRAL

PARIS

LIBRAIRE DE LA SOCIÉTÉ DES GENS DE LETTRES

Palais-Royal, 15-17-19, Galerie Orléans

—

1887

ARTHUR DE BRETAGNE

CLAUDE BERNARD

A L'AGE DE QUARANTE ET UN ANS

DESSINÉ ET GRAVÉ PAR G. PERRICHON

d'après un portrait fait en 1854

APPARTENANT A M. GEORGES BARRAL

CLAUDE BERNARD

ARTHUR DE BRETAGNE

DRAME INÉDIT
En cinq actes et en prose
AVEC UN CHANT

Publié

AVEC DEUX PORTRAITS ET UNE LETTRE AUTOGRAPHE
DE CLAUDE BERNARD

PRÉCÉDÉ D'UNE PRÉFACE HISTORIQUE

DE

M. GEORGES BARRAL

PARIS

E. DENTU, ÉDITEUR
LIBRAIRE DE LA SOCIÉTÉ DES GENS DE LETTRES
PALAIS-ROYAL, 15-17-19, GALERIE D'ORLÉANS

1887

PRÉFACE HISTORIQUE

PAR

M. GEORGES BARRAL

CLAUDE BERNARD
À L'AGE DE SOIXANTE-QUATRE ANS

Né à Saint-Julien (Rhône), le 12 juillet 1813, mort le 19 février 1878, à Paris, rue des écoles, 40.
Statue exécutée   M. Guillaume, inaugurée sur le perron
de France, le 7 février 1886.

PRÉFACE HISTORIQUE

> Il vint à Paris, ayant dans sa valise
> une tragédie en cinq actes et u... lettre.
>
> ERNEST RENAN.

> La tragédie que M. Claude Bernard
> apportait de sa province à Paris et dont
> le ferme bon sens de M. Saint-Marc
> Girardin abrégea les jours...
>
> ALFRED MÉZIÈRES.

> M. Thiers avait commencé par écrire
> des Salons. Claude Bernard lui-même
> avait commencé par une tragédie.
>
> FERDINAND DE LESSEPS.

> Il partait pour Paris avec une tragédie
> en cinq actes et les illusions de ses vingt
> ans.
>
> JULES BÉCLARD.

> Cette tragédie qu'on me reproche —
> c'est un drame en prose avec quelques
> vers à la fin.
>
> CLAUDE BERNARD.

La première fois que j'eus la bonne fortune et l'honneur de voir Claude Bernard, c'est le samedi soir, 30 août 1863. Ce fut une surprise et une révélation. En voici les circonstances mémorables.

Le train du chemin de fer venait de s'arrêter à Perpignan, amenant avec lui de Paris, au milieu d'illustrations nombreuses, une députation de l'Académie des sciences, chargée de représenter l'Institut de France à l'inauguration de la première statue érigée à François Arago, dans son village natal, Estagel, situé à peu de distance de là.

J'étais descendu de wagon et je venais de me retourner, lorsque j'aperçus la haute stature d'un personnage que je ne connaissais pas encore, se dresser avec majesté sur le marchepied. Ce fut comme une vision palpable. Je crus voir un de ces grands saints modernes en costume laïque, sorte de Vincent-de-Paul de la science. Il faisait très chaud, et le soleil couchant — ce soleil de rubis des Pyrénées, était dans toute sa splendeur enflammée. La tête, aux lignes sculpturales, était découverte, et un nimbe dessiné par la lumière solaire du soir n'y manquait pas. Mon imagination d'adolescent fut tellement frappée par la beauté sévère et majestueuse de ce savant célèbre déjà, qui était dans toute la force physique et cérébrale de l'âge — ayant à peine cinquante-deux ans — que l'image de ce spectacle est toujours restée dans mon esprit. Je ferme les yeux et je la sens toujours comme photographiée sur ma rétine.

J'accompagnais mon père à cette solennité à laquelle il était venu assister, comme exécuteur testamentaire scientifique de l'illustre astronome, dont il a publié, en dix-sept volumes, l'œuvre entière, sur ses *ordres mêmes. Claude Bernard, pendant les quelques jours que durèrent les fêtes, se prit d'amitié pour nous. De cette époque lointaine datent l'affection et le culte que nous n'avons jamais cessé de garder pour cet homme incomparable. De là viennent les confidences qu'il fit par intervalles irréguliers, à mon père ou à moi, ensemble ou séparément.*

Mon père avait l'habitude, chaque dimanche, pendant l'hiver plus spécialement, de se rendre chez M. Chevreul, au Jardin des Plantes. Là il rencontrait fréquemment Claude Bernard. Après avoir conversé longuement avec l'auguste patriarche, ne pouvant cependant oublier le froid sec du grand cabinet, auprès des deux petits tisons brûlant bout à bout dans l'antique cheminée de Buffon, selon la coutume des moines de Cluny et l'habitude invétérée de l'étonnant et vigoureux centenaire, les deux interlocuteurs partaient ensemble et continuaient, en marchant rapidement pour se réchauffer, la conversation commencée et la suite douloureuse des souffrances intimes. Bien souvent, de mon côté aussi, plus tard, j'ai reçu l'aveu pénible des désenchantements de son foyer conjugal.

Deux mois après notre séjour commun à Perpignan passé dans la délicate et libérale hospitalité d'Isaac Pereire, député du département des Pyrénées-Orientales, Claude Bernard fut atteint, au mois d'octobre **1865,** *en même temps que mon père, d'une légère atteinte de choléra.* **Tous les deux** *faillirent suc-*

comber et ne se relevèrent qu'avec beaucoup de peine.
Ils conservèrent l'un et l'autre de cette attaque une
affection mal définie, une sorte d'entérite chronique
avec retentissement du côté du pancréas et du foie. Ils
ne s'en relevèrent jamais d'une façon définitive, et
c'est des suites de cette maladie qu'ils devaient
mourir aussi l'un et l'autre, après une trève d'une
vingtaine d'années

I

Claude Bernard n'était plus très jeune quand il se
maria, et il est certain que pendant sa jeunesse
même l'amour ne tint pas beaucoup de place dans
son existence. A la placidité du tempérament qu'il
avait reçu avec la vie, il faut ajouter l'influence de
l'éducation et du milieu dans lequel il vécut tout
d'abord. Né dans le très petit village de Saint-Julien,
le 12 juillet 1813, non loin de Villefranche, dans ce
majestueux département où se fait l'union triom-
phante de la Saône et du Rhône, dans une humble
maison de vignerons, qui lui resta toujours chère et
où il revenait chaque année pour les vendanges, il
perdit son père de bonne heure, et connut seulement
sa mère, qu'il adorait et dont il était adoré.

Il n'eut pas d'émotion dans sa jeunesse, et ne
ressentit jamais l'ébranlement d'une passion qui

décide d'une carrière ou brise l'avenir. Il apprenait
bien à l'école. Le curé du village lui fit commencer
le latin et, le dimanche, il remplissait les fonctions
d'enfant de chœur. Il entra à l'âge de douze ans au
collège de Villefranche tenu par des ecclésiastiques.
Il en sortit le plus tôt qu'il put pour gagner son
pain quotidien et vint à Lyon, où il trouva chez un
pharmacien du faubourg de Vaise un emploi qui
lui donnait la nourriture et le logement. Il n'avait
pour toutes distractions que le droit de sortir une
fois par mois. Il en profitait pour passer la soirée
au théâtre des Célestins. C'est là, au contact des
pièces représentées, qu'il se crut destiné à devenir
auteur dramatique. Rentré dans son officine, occupé
la plupart du temps à plier de minuscules paquets
de poudre purgative, ou à préparer la thériaque, ce
fameux médicament universel de nos ancêtres, il
prit sur ses nuits des loisirs pour composer une
comédie-vaudeville. Elle fut jouée sous le titre de
la Rose du Rhône sur un petit théâtre de Lyon,
avec quelque succès, mais ne fut jamais imprimée.
Elle rapporta une centaine de francs à son auteur
qui les mit de côté, ayant rêvé de partir pour Paris
et d'y conquérir la gloire littéraire avec un drame
qu'il mit un an à composer. Il avait voulu écrire
une tragédie; mais son esprit fut toujours rebelle à
la facture du vers. Sa pensée était déjà trop inquiète pour être emprisonnée dans les hémistiches
et les rimes. Il convertit sa tragédie en drame. Il y

laissait, dans le cinquième acte, un cantique à la
Vierge Marie, réminiscence de son éducation première auprès du curé de Saint-Julien. Ayant obtenu
une lettre de recommandation d'un membre de la
Faculté des lettres de Lyon pour M. Saint-Marc
Girardin, professeur de littérature française à la
Sorbonne, il pliait bagage, roulait précieusement
son manuscrit et il prenait la diligence pour la
capitale, après avoir dit adieu à son patron, aux
petits paquets de coloquinte et à la thériaque. Quand
il arriva à Paris, il se rendit sans tarder auprès de
son protecteur désigné. Saint-Marc Girardin était
alors en pleine réputation. Il accueillit avec grande
bienveillance le jeune homme. C'était au mois de
novembre 1834, Claude Bernard avait alors vingt-un
ans. Il lut le drame, le trouva médiocre et il dit à son
auteur : « Vous avez fait de la pharmacie. Faites
de la médecine. Vous n'avez pas le tempérament
dramatique. » Saint-Marc Girardin a rendu un
signalé service à la science et à Claude Bernard
lui-même en décidant ainsi de sa vie et en lui
indiquant le chemin de ses aptitudes. Mais il se
trompait en croyant que son protégé était apte à
être médecin et en lui refusant l'accent ému et pas-
sionné du théâtre. Ce drame d'Arthur de Bretagne,
qu'on ne lira pas sans intérêt ni sans émotion, à
cause de son origine et du sujet même, décèle les
qualités futures du grand chercheur. Le dialogue
est emphatique, il est vrai; mais il faut songer que

son auteur avait vingt ans, quand il composa cette pièce sous l'influence mitigée des lectures des œuvres de Népomucène Lemercier et de Victor Hugo. Combien de fois, plus tard, ayant abandonné la muse tragique, Claude Bernard, aux prises avec les secrets de la nature, se trouva être l'agent ou le spectateur d'événements autrement émouvants que ceux que l'on met sur la scène. Lisez ses *Études sur le curare*, ce terrible poison des Indiens de l'Améque du Sud, qui amène l'insensibilité absolue de tous les organes en laissant dans l'homme empoisonné la pensée vivante, sans qu'elle ne trouve plus le moyen de se manifester. Vous irez jusqu'aux extrêmes limites de la terreur et de la pitié. Avant les expériences de Claude Bernard, on croyait que la mort causée par le curare n'était qu'un doux sommeil. Au contraire, la victime conserve toute sa lucidité. Quel drame épouvantable on peut s'imaginer! Quelle cruauté dans le sauvage qui a su dérober à la nature ce raffinement de vengeance! Écoutez Claude Bernard : « *Dans ce corps sans mouvement, derrière cet œil terne et avec toutes les apparences de la mort, la sensibilité et l'intelligence persistent encore tout entières. Peut-on concevoir une souffrance plus horrible que celle d'une intelligence assistant ainsi à la soustraction successive de tous les organes qui, suivant l'expression de M. de Bonald, sont destinés à la servir et se trouvant en quelque sorte enfermée toute vive dans un cadavre? Dans tous les temps, les fictions poétiques qui ont voulu émouvoir notre pitié nous ont représenté des êtres sensibles enfermés dans des corps immobiles. Le supplice que l'imagination des poètes a inventé se trouve produit dans la nature par l'action du poison américain. Nous pouvons même ajouter que la fiction est restée ici au-dessous de la réalité. Quand Le Tasse nous dépeint Clorinde incorporée vivante dans un majestueux cyprès, au moins lui a-t-il laissé des pleurs et des sanglots pour se plaindre et attendrir ceux qui la font souffrir en blessant sa sensible écorce. »*

Avec de pareilles aptitudes d'écrivain, de penseur, de chercheur, d'expérimentateur, d'observateur, Claude Bernard ne pouvait pas être médecin. Il le fut, en effet, aussi peu que possible. Il fut sceptique à l'égard de l'autel qu'il desservit. Ainsi que l'a dit judicieusement M. Ernest Renan, son collègue au Collège de France et son successeur à l'Académie française, le médecin comme le magistrat applique des règles qu'il sait ne pas être parfaites, et, de même que le meilleur magistrat fait souvent faire peu de progrès à la législation, de même le meilleur praticien n'est pas toujours un savant. Sa tâche est presque aussi difficile que celle de l'horloger à qui on demanderait de corriger les irrégularités d'une montre qu'il lui serait défendu d'ouvrir. Or ce que cherchait Claude Bernard, c'était le secret même des rouages intérieurs; cette montre il la brisait, l'ouvrait violemment, plutôt que d'admettre qu'il fût permis de la manier à l'aveugle et sans savoir clairement ce que l'on fait.

Claude Bernard est sans conteste un des grands génies du XIXe siècle, qui en compte un certain nombre dans le rayonnement de ses gloires de toutes sortes. Il a eu le don de l'invention; il a fait des découvertes de premier ordre et il est parvenu à sonder efficacement ce qui est le mystère suprême, l'origine organique de la vie. Il avait le style, la noblesse de caractère, l'effusion du cœur. On peut le placer auprès des vrais grands hommes qui illuminent de temps en temps, comme des phares avancés, la route que suit l'humanité à travers l'espace et l'éternité : Homère, Aristote, Archimède, Galilée, Descartes, Shakespeare, Molière, Newton, Lavoisier, Laplace, Hugo.

II

S'il est donc une statue bien donnée, c'est à coup sûr celle que la piété des amis, des disciples et des admirateurs de Claude Bernard a fait ériger sur le grand escalier extérieur du Collège de France. Elle est dressée non loin de celle du Dante, qui est venu passer à Paris quelques-unes de ses sombres années, vers l'an 1300, dans cette partie déjà studieuse de la future capitale de la France. Elles sont placées à côté l'une de l'autre, ces deux statues de deux grands génies d'ordre différent, mais qui doivent tous les deux à des méditations profondes, l'éclat et la durée de leur renommée. Ils furent tous les deux, dans la vie intime, sombres, abandonnés des leurs. Le Dante dut imaginer pour se consoler l'inoubliable type de la Béatrix. Claude Bernard a eu une famille scientifique et tous ses disciples l'ont tendrement aimé. Ce sera l'éternel honneur de MM. Mathias Duval, Paul Bert, d'Arsonval, Jousset de Bellesme, Dastre, Armand Moreau, Augustin Galopin, Roger de la Coudraie, G. Malloizel, A. Ferrand, Raphaël Dubois, Paul Regnart, Raphaël Blanchard, Albert Hénocque, Jolyet, Lépine, Pozzi, Charles Richet, Th. Defresne, Dr Bonnejoy, de ne l'avoir jamais négligé dans l'abandon cruel où le laissèrent un triste matin, en 1869, sa femme et ses deux filles.

Si, la nuit, ils se rapprochent et se parlent, ces deux hommes de bronze sévère, les confidences qu'ils doivent se communiquer ne portent certainement pas sur les joyeusetés de la vie humaine.

Personne moins que Claude Bernard ne songeait au monument qui serait consacré à ses découvertes identifiées dans sa personne. En effet, celui qu'on appelle avec raison le fondateur de la physiologie expérimentale était d'une simplicité et d'une modestie sans égales.

Tous les honneurs étaient venus le trouver dans le couloir étroit et humide qui sert de Laboratoire *de physiologie au Collège de France, sans qu'il en eût cherché ni espéré aucun. C'est là, en effet, que pendant un tiers de son existence il a fait ses plus grandes découvertes, c'est là qu'il se faisait aimer et écouter de ses élèves émerveillés de l'habileté de sa main, de la fécondité de son imagination, de l'ampleur et de la justesse de ses vues. D'un aspect solennel et un peu froid, professeur assez terne dans sa chaire, Claude Bernard se montrait incomparable dans le Laboratoire, en face de la table de dissection. Debout, la tête couverte d'un large chapeau à haute forme d'où s'échappaient de longues mèches grisonnantes, le cou entouré d'un immense cache-nez gris et noir qui ne le quittait guère que pendant les grandes chaleurs de l'été, il fallait le voir, un peu courbé, plonger tranquillement les doigts dans l'abdomen ouvert d'un chien, expliquer le but de ses recherches. Il fallait le voir se dresser, faire courir ses mains dans les entrailles ensanglantées de l'animal, et fixer d'un geste net, d'une parole claire le point précis de la découverte. L'expérience terminée, il essuyait ses mains tranquillement et continuait à développer ses idées en citant souvent Descartes dont il avait profondément médité et appliqué les quatre règles fondamentales du* Discours sur la méthode.

*Je suis de ceux qui pensent qu'on ne doit pas laisser périr les moindres épaves des grands hommes, et c'est pour cela que je publie aujourd'hui le manuscrit d'*Arthur de Bretagne *que Claude Ber-*

nard m'a donné le lundi 14 août 1876, vers midi,
après avoir fait au Muséum d'histoire naturelle la
dernière leçon de cette année sur le système de la
respiration diurne et nocturne des plantes. En me
le remettant il me dit avec un doux sourire : « Je
vous le donne en mémoire de notre séjour à Perpignan et d'A ···o, l'ami de votre père, qui m'a rendu
service en 1849. Vous pourrez le publier, si vous y
tenez, mais plus tard, au moins cinq ans après ma
mort. J'ai bien eu un vaudeville qui a été joué à Lyon
en 1833; je puis bien laisser lire mon drame. Mais
n'oubliez pas d'annoncer qu'il a été refusé, et avec
beaucoup de corrections encore, par Saint-Marc Girardin. »

Claude Bernard se trouvait assez vigoureux et
bien portant, à cette époque. Ce jour-là même il
était joyeux, car il partait le lendemain pour son
village de Saint-Julien. Il ne croyait pas que la
mort viendrait le terrasser dix-huit mois après, en
pleines découvertes scientifiques.

On va lire ce morceau dramatique que nous avons
pris la résolution de faire imprimer au lendemain
de l'inauguration de la statue de Claude Bernard,
ainsi que nous l'avons annoncé dans une lettre
adressée à M. le docteur Ernest Barrault et publiée
dans le feuilleton de la Revue de thérapeutique
médico-chirurgicale du 15 février 1886. Il est curieux à plus d'un titre. Il marque d'une façon ins-
tructive l'évolution d'un esprit préparé à de pro-

fondes méditations; le sujet même et la manière dont il a été traité, sont bien d'accord avec les tendances intellectuelles et morales de toute la vie de son illustre auteur. Au reste, Claude Bernard ne parlait pas sans attendrissement de cette œuvre de sa jeunesse, avec laquelle il était parti, léger d'argent, lourd d'espérance, pour tenter la fortune à Paris.

Nous en conservons pieusement le manuscrit jauni, dans une caisse de fer, comme une relique. Tout ce qui vient d'un homme de génie est saint comme sa mémoire est sacrée. De temps en temps, nous allons en pèlerinage dans ce vieux passage du Commerce Saint-André-des-Arts où Claude Bernard a habité pendant longtemps au n° 5.

Elle est encore bien curieuse cette vieille cour du Commerce que nous venons de citer. Claude Bernard qui en connaissait l'histoire, aimait à rappeler qu'elle sortait d'un fossé creusé pour la défense du pavillon de la porte de Buci et qu'elle avait été formée vers l'an 1582. Il nous a raconté que parmi les boutiques qui bordent le milieu du passage, au n° 8, il existait de son temps un cabinet de lecture assez suivi, fondé à l'époque de la Convention par la veuve de Brissot, qui avait pris un nom d'emprunt pour utiliser de cette façon le fonds de la bibliothèque de son mari déjà monté sur l'échafaud. Dans la même maison était l'imprimerie de l'Ami du Peuple que Marat, qui habitait un peu plus loin au n° 20 de la rue de l'École-de-Médecine, aujourd'hui disparu,

avait placée là en vertu d'une réquisition de la
Commune. Il fallait franchir deux grilles pour
arriver aux ateliers de cet établissement. En face
furent faites sur des moutons une première expérience de la guillotine, le nouvel instrument de supplice, dont l'inventeur, l'infortuné docteur Guillotin,
demeurait à la fois cour du Commerce et rue de
l'Ancienne-Comédie, — là même ajoutait Claude Bernard avec un sourire mélancolique, où j'ai exécuté
mes premières vivisections. Un peu plus loin, dans
la triple cour de Rohan qui relie ce qui reste aujourd'hui de la rue du Jardinet à la cour du Commerce, à gauche en entrant dans la première partie, se
trouve le socle d'une tourelle qui était comprise dans
les fortifications de Paris de Philippe-Auguste. Deux
petits jardins suspendus et qui refleurissent toujours
au printemps y dominent l'ancien rempart. Un pen-
sionnat de petites filles prend ses ébattements sur les
pierres dix fois séculaires devant lesquelles, disait
Claude Bernard, bien des fois j'ai rêvé et trouvé le
nœud des recherches qui obsédaient mon esprit.

Il existe peu de lettres de Claude Bernard. Il écri-
vait rarement. Les volumes même qu'il a publiés
dans les dix dernières années de sa vie sont des
improvisations recueillies à ses leçons, au courant de
la parole, et qu'il retouchait avec minutie. Nous
croyons intéressant, dans cette publication tout à
fait documentaire et suprême, d'offrir au lecteur
curieux l'autographe suivant du maître.

Monsieur

Je vous envoie le résumé de ma communication que vous m'avez demandé

Je vous remercie des N° de l'Institut que vous m'avez envoyé. Lorsque je serai revenu de la campagne où je pars demain pour trois semaines, je vous demanderai peut-être de vouloir bien insérer un petit mot de ma réponse qui dissiperait tous les doutes qu'auraient fait naître les observations de MM. Gluge et Thiernesse. D'abord, ces messieurs sont parfaitement d'accord avec moi pour ce qui concerne les reins. Je ne diffère que pour la glande salivaire où l'observation pour être faite exige une dissection délicate et laborieuse. Or je puis assurer que MM. Gluge et Thiernesse n'ont pas agi convenablement

[lettre manuscrite]

Je vous prierai peut-être ... à propos ... si vous trouvez que cela en vaille la peine de rectifier une petite inexactitude. Vous dites que par une circonstance fortuite, on faisait en même temps à Bruxelles des expériences semblables aux miennes. MM. ... et Gluge ... parfaitement ... l'idée de répéter mes expériences, ... et ils les ont faites après moi.

Veuillez, Monsieur, agréer l'expression de mes sentiments ... bien ...

Claude Bernard

7 7bre 1858

Cette lettre est précieuse à divers titres, parce qu'elle montre à quel point Claude Bernard prenait de soin pour faire ses expériences et avec quelle conscience il prétendait qu'on en poursuivît le contrôle.

Desbarolles, mort récemment dans un âge avancé et très expert à juger le caractère d'un homme sur

l'examen de son écriture, me fit l'observation sui-
vante sur quelques lignes écrites de la main de
Claude Bernard, sans qu'il sût, bien entendu, quel
en était l'auteur : Écriture d'un esprit profond,
investigateur, déductif, intuitif, hésitant, chercheur ;
indiquant une imagination réglée ; signalant une
grande bienveillance, du cœur, de la candeur.

N'est-ce point là Claude Bernard tout entier, tel
que nous l'avons connu et aimé, tel que vous pou-
rez apprendre à le connaître et à l'aimer dans ses
œuvres, vous qui venez de lire le plus reconnaissant
et le plus attendri de ses disciples.

GEORGES **BARRAL.**

Paris, le 15 novembre 1886.

ARTHUR DE BRETAGNE

DRAME INÉDIT

Lu et refusé à nombreuses corrections

Par M. SAINT-MARC GIRARDIN

EN NOVEMBRE 1831

CLAUDE BERNARD.

PERSONNAGES :

ARTHUR, duc de Bretagne, héritier du trône d'Angleterre.
JEAN SANS PEUR, roi d'Angleterre, oncle d'Arthur.
LOUIS DE FRANCE.
LE CHEVALIER DES ROCHES.
LE COMTE DE LA MARCHE.
LE VICOMTE DE CHATEAUBRIAND.
LE VICOMTE DE LÉON.
LE SIRE D'HUELGOAT.
GUILLAUME DE BRAUSSE.
M° BORNHOUET.
M° JÉGO.
HUBERT DE DINAN, écuyer d'Arthur de Bretagne.
LE GOUVERNEUR DU CHATEAU FORT DE LA MARCHE.
LE BAILLI.
LE MAIRE DE LA COMMUNE DE POITIERS.
UNE VIEILLE.
UN VIEILLARD.
UN OFFICIER.
TOM ⎫ Geôliers.
GEORGES ⎰
MARIE DES ROCHES.
DAME MORRIS.
MARTHE.

Chevaliers français, barons anglais, barons bretons, officiers, hommes d'armes, peuple, échevins, envoyés des provinces, suivants et suivantes, personnages d'une Cour de justice, assesseurs, etc.

L'action se passe en Bretagne, dans le Poitou et en Normandie, en 1202.

ARTHUR DE BRETAGNE

DRAME EN CINQ ACTES, EN PROSE

ACTE PREMIER

UN MANOIR BRETON AU XIIIe SIÈCLE

Le théâtre représente la grande salle du manoir. — Porte d'entrée au
fond ; à droite et à gauche deux autres portes. — Au fond et sur les
côtés, fenêtres à ogives ; les intervalles en sont remplis par des statues
et des trophées.

SCÈNE PREMIÈRE

ARTHUR, MARIE DES ROCHES, DAME MORRIS

MARIE

Quoi donc, Morris, nous refuserez-vous le tribut d'u-
sage, la bonne et pieuse légende que vous contez si bien?

DAME MORRIS

Vous n'êtes pas raisonnable, mon enfant. Vous savez combien votre père, notre noble seigneur que Dieu bénisse, est devenu sévère depuis l'arrivée de ce tant gentil prince en ce manoir; — vous savez qu'aujourd'hui même et dans ces lieux se tient la grande assemblée de justice... Vous savez, d'un autre côté, que je ne puis rien vous refuser...

MARIE

Je sais, je sais... Je ne sais pas, Morris, votre histoire d'aujourd'hui.

ARTHUR

Allons! soyez complaisante, dame Morris.

MORRIS

Ah! si mon gentil duc se met de la partie, je ne résiste plus. A la grâce du bon Dieu! (elle se recueille.) Voyons! que vais-je vous conter mes enfants? (Se reprenant.) Pardonnez, mon prince! Mais j'ai tenu si longtemps cette petite sur mes genoux et je vous aime tant tous les deux...

ARTHUR

Rassurez-vous, ma chère. Nous sommes heureux, n'est-ce pas, Marie? que Morris nous aime ainsi tous deux.

MARIE

Pour cette fois, seigneur duc, c'est vous qui empêchez l'histoire.

MORRIS

M'y voici. Mais à quoi pensé-je, pauvre vieille, de vouloir vous conter ce que vous savez mieux que moi... Enfin, il y a un proverbe qui dit : *Mieux vaut vieille tête grise que souvent beau livre neuf.* Or donc je vais vous parler du grand et saint roi Alfred, le vainqueur des Danois, que Dieu bénisse!

ARTHUR ET MARIE

Amen!

MORRIS

Hélas! ce que je vais vous dire n'est pas de gai propos.

MARIE

Commencez donc, Morris!

MORRIS

Vous saurez qu'en l'an huit cent soixante-dix-huit de N. S. le roi Alfred détrôné, proscrit, obligé de cacher ses traces pour conserver ses jours, ne songeait guère à recouvrer son royaume... Recueilli, par charité, en la chaumière d'un yeoman de l'île de Thone, il tâchait d'y garder son gîte en se rendant utile. Oui, mes nobles et beaux enfants, le roi Alfred retournait la terre avec la bêche, puisait de l'eau à la fontaine, rouissait le chanvre et même, si on peut le dire d'un si grand roi, ne craignait pas de braconner le soir, au clair de lune, pour rapporter un peu de venaison à son maître. Or le vieux

Dick, c'était le nom de celui-ci, avait une fille, la belle
Marguerite, qui partageait avec lui les soins domestiques;
et, quand il n'était pas là, c'était Alfred qui partageait
ces soins avec Marguerite... Bref, vous comprenez qu'on
ne peut pas vivre longtemps ainsi, deux beaux jeunes
gens ensemble, bien bons, bien tendres tous les deux,
sans s'aimer un peu et finir par se le dire... Non pas,
voyez-vous, que je veuille excuser le roi Alfred... Mais
enfin ils s'aimaient. Un jour qu'ils ramenaient à l'étable
les trois chèvres du vieux Dick, car il en avait trois, le
soleil touchait à son déclin; de ses derniers rayons il
empourprait toute la plaine et Alfred et Marguerite, des-
cendant des hauteurs de l'Est, semblaient plonger comme
en un lac de feu... Marguerite, il faut bien le dire, n'était
pas très brave; en passant devant le cimetière, elle eut
peur. Alfred s'efforçait de la rassurer, quand tout à coup
devant eux se dresse une femme d'une grandeur déme-
surée et d'une laideur repoussante. « J'ai faim! leur dit-
elle d'une voix creuse »; et elle allongeait vers eux un bras
décharné et velu, comme fait la chauve-souris de ses
ailes. Marguerite ne put retenir un cri de frayeur et plus
que jamais Alfred s'empressait autour d'elle. « J'ai faim!
répéta la voix, devenue menaçante »; et Marguerite de
fouiller bien vite à son escarcelle. « Il est trop tard, con-
tinua la voix; Marguerite tu es plus peureuse que chari-
table; et toi, Alfred, plus amoureux que sage. Mal vous
en prendra à tous deux! » Et, après ces vilaines paroles,
la vieille disparut en éclatant d'un rire sauvage... Hélas!
mes pauvres enfants, sa prédiction ne s'accomplit que
trop tôt!... Jusqu'alors Alfred avait soigneusement caché
son amour à Marguerite; pour la rassurer, il lui en fit

l'aveu, l'imprudent! en y joignant mille belles promesses;
il devait passer sa vie auprès d'elle; faire tant par son
travail et sa bonne conduite, que le vieux Dick, se laissant toucher à la fin, lui donnerait la main de sa fille...
Et cependant Marguerite avait toujours peur... Ils ren-
trent au logis; ils trouvent la chaumière envahie par de
beaux cavaliers inconnus, couverts d'armures éclatantes...
C'étaient des seigneurs saxons. Ils avaient découvert la
retraite d'Alfred et venaient le conjurer, le forcer de se
mettre à leur tête. Qui fut bien surpris et charmé? le
vieux Dick; et qui pleura, pleura bien fort? la pauvre
Marguerite. Elle ne tâchait pas moins de faire bonne con-
tenance, allant et venant, se donnant beaucoup de mal,
afin de mieux cacher sa peine. Alfred n'en fut pas dupe;
et, comme il était sincère en sa faiblesse, il profita d'un
moment où il la trouva seule pour lui renouveler tous ses
serments. Mais elle, en vraie Saxonne, lui dit tout net
qu'il se trompait, qu'elle ne l'aimait pas, qu'elle ne
l'avait jamais aimé; et, pour le mieux prouver, lui assura
qu'avant un mois, elle serait la femme de Nichols, un
fermier du voisinage. Alfred, désespéré, fit des efforts
inouïs pour la fléchir; elle fut inexorable... Il partit donc;
et au bout d'un mois, rentré vainqueur dans sa capitale
il épousait, malgré lui, il faut le croire, une noble dame
qu'il n'aimait pas... Ainsi le voulait la politique... Mais
Marguerite, la fille du vieux Dick, n'épousa pas le fermier Nichols. Le jour qu'Alfred rentrait ainsi dans sa
capitale, un convoi funèbre se dirigeait vers le cimetière
de Thone. Le ciel était encore d'un rouge de feu; et l'on
dit que dans la vallée on vit errer le spectre hideux de la
vieille. Il répétait : « vive le roi Alfred! » et puis avec un

affreux ricanement : « Adieu, adieu, la reine Marguerite! »

MARIE

Pauvre Marguerite!

ARTHUR

Merci, dame Morris! Votre histoire est bien sombre...
Heureusement qu'Alfred était Saxon.

MORRIS

L'histoire n'est pas moins vraie et morale, Monseigneur.
Elle prouve une infinité de choses. Et d'abord...

MARIE

J'approuve Marguerite.

ARTHUR

Je ne saurais trop blâmer Alfred.

MARIE

Alfred ne pouvait pas épouser Marguerite...

ARTHUR

Il devait l'épouser ou lui laisser ignorer son amour.

MORRIS

Vous n'y êtes ni l'un ni l'autre... Mon histoire prouve

d'abord que les jeunes filles ne doivent pas être peureuses ni les jeunes gens trop amoureux... (Survient Des Roches.) Elle prouve ensuite...

SCÈNE II

LES MÊMES, DES ROCHES

DES ROCHES

... Que dame Morris est une babillarde, plus pressée de conter de vieilles sornettes que de faire son ouvrage.

MORRIS

Miséricorde! Pardon, Monseigneur... c'était pour les distraire.

DES ROCHES

Ce sont là de méchantes distractions. Vous les faites larmoyer, ces enfants; et je ne le veux pas, moi. (Au duc de Bretagne.) N'est-ce pas, Arthur, que nous ne sommes plus à cet âge où l'on nous faisait peur avec des contes de revenants?

ARTHUR

Grondez-moi, si vous voulez, Des Roches; mais, je l'avoue, j'ai un faible pour les plaisirs de l'enfance.

3

DES ROCHES

Il faut aimer l'enfance, mais comme le premier pas dans la carrière... Cette simplicité de goûts est chose bonne en soi, elle atteste un cœur pur; mais la force est aussi une vertu, et d'une acquisition plus difficile; on ne l'acquiert que par degrés; il faut s'y prendre de bonne heure. Vous m'avez compris, Monseigneur, et vous aussi, Marie. Au duc Arthur je ne puis faire que ces très humbles remontrances; à vous, ma fille, j'ai le droit de vous adresser de sérieux reproches. Faut-il donc agir comme vous le faites, en enfant gâté et, à vous seule, accaparer tout le prince? Vous abusez de sa bonté, Marie... Et, s'il vous écoute, c'est pure complaisance.

ARTHUR

Pas du tout, Des Roches, je déclare, au contraire, que c'est avec le plus grand plaisir...

DES ROCHES

Eh bien! puisqu'il faut le dire, je regrette que le duc de Bretagne ait encore pour des jeunes filles, des enfants, de pareilles complaisances. Levez les yeux, Monseigneur, et voyez là-haut! Un Plantagenet, un prince du sang royal doit chercher d'autres passe-temps. Voici notre Cour de justice. C'est à votre intention que nous l'avons convoquée. Venez y prendre la place qui vous appartient et rappeler, par vos jugements, la sagesse de votre père.

SCÈNE III

LES MÊMES, LA COUR DE JUSTICE

La Cour entre en séance. Arthur la préside ayant à ses côtés Des Roches, le vicomte de Léon et d'autres assesseurs. — Un peu en avant et à droite le bailli.

ARTHUR, au bailli.

Sire bailli, faites votre devoir!

LE BAILLI, lisant.

Devant très haut et très puissant prince Arthur Planta-genet, duc de Bretagne, présidant en sa qualité de suze-rain, la haute cour de justice de Monseigneur Guillaume, chevalier Des Roches, sont appelés à comparoir:

Le sire d'Huelgoat, homme de sang noble et vassal de Monseigneur des Roches, d'une part,

Et Pierre Adéodat Bornhouet, homme libre et tenancier de mon dit seigneur, d'autre part,

Lesquels ont articulé les faits et dires suivants:

Le sire d'Huelgoat se plaint de ce que le nommé Bornhouet ayant trouvé sur sa terre un trésor en espèces monnoyées, ne lui en ait pas attribué partie comme au pro-priétaire et maître de la terre;

Bornhouet répond que le trésor par lui trouvé lui revient en totalité, vu son droit d'invention;

Le sire d'Huelgoat réplique qu'il faut distinguer entre ce qui est or et ce qui est argent et qu'il y a lieu de lui déférer la matière d'or;

Bornhouet prétend, de son côté, qu'une telle distinction en droit n'est pas fondée et qu'en fait il n'y saurait souscrire, vu son extrême misère. (Ici le bailli parle.) A ces causes, nous, bailli de la mouvance de Monseigneur Des Roches, allons, avec l'agrément de très haut et très puissant prince Arthur, duc de Bretagne, notre bien aimé souverain, donner notre opinion dans l'espèce.

Hercule présidait aux trésors cachés...

ARTHUR

Venez au droit!

LE BAILLI

L'illustre Papinien, au siècle des empereurs Caracalla et Géta...

ARTHUR

... Au droit national!

LE BAILLI

L'empereur Charlemagne en ses Capitulaires...

ARTHUR

Restez dans la cause!

LE BAILLI

Le trésor est-il légalement trésor et pour qui l'est-il?

Tel est, Monseigneur et Messires, le double cas litigieux
soumis à votre appréciation. Pour en disserter dans une
juste étendue, il faudrait faire l'histoire du droit d'invention depuis les temps les plus reculés jusqu'à nos jours;
dérouler, dans ce point de vue, les nombreuses et singulières vicissitudes par lesquelles a passé le trésor, fixer le
dernier état du droit, l'appliquer à l'espèce et enfin con-
clure. Nous ne le pouvons pas. (Il jette un regard oblique sur la
cour). Mais si le magistrat le regrette, le citoyen, dans son
cœur, ne peut que s'en applaudir, car il obéit au vœu de
son magnanime souverain, il sacrifie la science à l'intérêt
du plaideur.

ARTHUR

Au fait, au fait!

LE BAILLI

Le trésor est-il trésor et pourquoi...

DES ROCHES, après s'être concerté avec Arthur.

Assez, sire bailli! J'avais à cœur de vous le dire, c'est
avec ces discours et ambages que l'on embrouille les
affaires les plus simples... Voici le fait, Monseigneur :
Le sire d'Huelgoat emploie à la journée Me Bornhouet.
Celui-ci, en faisant des fouilles dans la terre du dit sire, a
trouvé une somme de cent livres, moitié or, moitié
argent... Il est pauvre, père d'une famille nombreuse,
naguère sa maison a été consumée par le feu du ciel, le
trésor qu'il a trouvé l'aiderait à sortir de peine et natu-
rellement il le réclame. Mais le sire d'Huelgoat lui en
refuse l'entière délivrance, et avec droit, il faut bien le
reconnaître, car le texte de la loi est formel : « En cas

d'invention d'un trésor mi-partie or et mi-partie argent, la partie d'or revient au maître de la terre, la partie d'argent à l'inventeur. »

ARTHUR

Sire d'Huelgoat, qu'avez-vous à dire?

LE SIRE D'HUELGOAT

Je demande que la loi soit appliquée.

LE PEUPLE

Oh! oh!

ARTHUR

Et vous, Me Bornhouet?

MAITRE BORNHOUET

Je me soumettrai à votre justice, mais je suis bien malheureux.

ARTHUR, après avoir été aux opinions.

Jugé par nous comme suit : la partie d'or appartiendra au sire d'Huelgoat (Murmures), la partie d'argent à Borhouet. Mais, attendu l'extrême misère de celui-ci, lui octroyons de nos deniers autant qu'il perd à notre justice.

LE PEUPLE

Bravo! bien jugé!

ARTHUR, au bailli.

Appelez les causes.

LE BAILLI, embarrassé.

Monseigneur! Nous en avons beaucoup, mais peu sont en état.

ARTHUR

Appelez-les!

LE BAILLI, confus.

Nous n'en avons plus.

ARTHUR

Une autre fois, sire bailli, un peu moins d'érudition, un peu plus d'activité : c'est le vrai moyen de sacrifier la science à l'intérêt du plaideur.

LE PEUPLE

A la bonne heure! — Voilà un juge! — Vive notre bon duc!

ARTHUR

Merci, mes amis!... Laissez-les approcher, Des Roches!
(On lève les barrières; le peuple se précipite vers Arthur.)

UNE VIEILLE FEMME, saisissant le bord de son manteau.

Je l'ai touché enfin!

ARTHUR

Que voulez-vous, bonne mère?

LA VIEILLE

Pardonnez, mon noble maître! Mais M. le recteur nous rappelait l'autre jour comment les malades étaient guéris rien qu'en touchant les vêtements du Sauveur. Je suis atteinte d'une fièvre qui résiste à tous les remèdes et j'ai voulu toucher vos vêtements, car vous êtes pour nous le représentant de Dieu sur la terre.

ARTHUR

Prenez garde, ma bonne! On offense le Seigneur par une croyance aveugle. Les saints peuvent seuls faire des miracles. Que Dieu vous sauve!... Et prenez ceci pour vous soigner. (Il lui donne de l'argent.) (A un vieillard infirme.) Vous voilà, mon vaillant croisé! Comment vont vos blessures?

LE VIEILLARD

Je les oublie auprès de vous, Monseigneur.

ARTHUR

Et il ne faut pas les oublier. Voici pour vous en ressouvenir. (Il lui donne aussi de l'argent.) (A part.) Ah! la pauvre veuve! Eh bien, dame Marthe, êtes-vous un peu plus tranquille?

MARTHE

Hélas! **Monseigneur**, je suis toujours bien seule et bien triste.

ARTHUR

Pauvre dame! Je comprends vos douleurs; je les plains, car je les connais... Nous les avons ressenties, ma mère et moi, lorsque nous eûmes le malheur de perdre, elle un époux chéri, moi le meilleur des pères! Il n'y avait pour nous qu'une consolation, dame Marthe : la prière. Elle seule nous rendait la résignation et la confiance.

MARTHE

Merci, **Monseigneur**! Je prierai plus que jamais... pour vous, pour la Bretagne. (Elle se retire.)

ARTHUR, à la cantonade.

(Aux anciens.) Bonjour mes maîtres! (Montrant les garçons.) Voilà de beaux gars! (Les filles.) Mais voici de bien jolies filles... Heureuse Bretagne! sa vertu passe dans son sang... Oh! si les mœurs se conservaient partout ainsi!... Je vous quitte aujourd'hui, mes amis; je retourne à Rennes où me rappellent nos communs intérêts; mais ce ne sera pas sans prendre congé de vous. Au revoir! à tantôt, dans la cour d'honneur! Il y aura des prix pour les plus adroits de nos gars; il y aura le biniou pour nos aimables jeunes filles; et pour les anciens quelques tonneaux de notre vin d'Anjou.

LE PEUPLE

Vive notre bon duc!

SCÈNE IV

ARTHUR, DES ROCHES, MARIE MORRIS

DES ROCHES

Oui, sur mon âme, nous défoncerons quelques tonneaux et des meilleurs. C'est moi qui les fournis.

ARTHUR

Non, pas vous, Des Roches, mais moi.

DES ROCHES

Monseigneur, je n'ôte rien à vos prérogatives; n'ôtez rien à mon bonheur.

ARTHUR

Ce bonheur, je le partage. La joie de ces braves gens me fait du bien.

DES ROCHES

La joie du populaire, un instant ia voit naître, un ins-tant la peut voir finir. Mais ce qu'on ne se lasse pas de fêter et d'admirer, c'est un prince digne de commander à à ces gens simples et honnêtes, un prince qui leur promet une longue suite de jours heureux. Tenez, Monseigneur, vous pouvez m'en croire, je ne suis pas un courtisan, je n'ai flatté personne ; mais tout à l'heure, là, j'étais dans le ravissement.

ARTHUR, souriant.

Il paraît que cela dure encore.

DES ROCHES

Si jeune et comprenant déjà si bien ses droits et ses devoirs ; juge éclairé et sévère, mais prince bon et compatissant, se mettant à la portée de chacun, se faisant aimer et respecter de tous. Qu'on vienne me dire que notre règne est passé, que la puissance des barons a fini.

ARTHUR

Assez! des Roches, assez!

DES ROCHES

Non, Monseigneur, je ne puis entendre de sang-froid les plates nouveautés qui, depuis quelque temps, se débitent et je ne suis jamais plus heureux que lorsque je puis leur donner, comme aujourd'hui, quelque bon démenti en face. A en croire tous les gratteurs de papier de la trempe de notre bailli — grand homme d'État que ce maître légiste ! — nous ne serions que des brigands parvenus qui aurions fait succéder la nuit au jour et répandu partout le fléau de notre barbarie. Les beaux temps, les

beaux siècles c'étaient ceux des Césars... Imbéciles ou
lâches, qui oublient et les horreurs de l'Empire, et toute
la triste suite des successeurs de Charlemagne... L'homme,
si petit, ne peut tant embrasser. S'il veut toucher le ciel,
le pied lui manque et il tombe par terre. Parlez-moi de
notre modeste et chrétienne société, à la bonne heure! Le
baron, père de ses sujets, compte tous les barons pour
frères; l'Église, notre mère commune, veille sur tous et
sur chacun; partout l'union, partout la douce liberté qui
naît de l'affection réciproque... Et ils appellent cela le
désordre, la barbarie! Qu'ils blasphèment donc aussi
contre la famille; car notre vie, c'est la vie de famille,
cette vie patriarchale (*sic*) que Dieu lui-même enseigna
aux premiers hommes... Qu'ailleurs un populaire turbu-
lent se révolte et s'érige en Communes! Nous avons, nous,
nos paroisses, qui font moins de bruit, plus de besogne et
surtout plus de bien. Point d'impôt qui écrase le petit au
profit du grand. Les anciens, c'est-à-dire les sages, fixent
la part de chacun en la contribution commune. Il n'est
pas jusqu'à la terre qu'on ne se partage fraternellement.
Au seigneur le fonds; mais au tenancier la surface; et ce
sont là comme deux propriétés sœurs qui se transmettent
en se donnant la main, pour mieux unir et relier, dans un
commun intérêt, le riche avec le pauvre, le vassal avec le
seigneur.

ARTHUR

Beau tableau, Des Roches. Mais l'ombre y manque et,
malheureusement, c'est l'homme qui la projette. Toutes
les théories sont belles ainsi faites; la réalité seule est
triste.

DES ROCHES

Laissez-moi achever, Monseigneur. Hélas ! non, l'ombre ne manque pas dans mon tableau... Mais ce n'est pas de nous qu'elle vient. Chez nous, le pur éclat d'un soleil bienfaisant, la paix et sa fécondité, le bonheur ; mais devant et derrière nous l'orage... En vain la Bretagne est sereine. Comme deux sombres nuages, la France et l'Angleterre envahissent son horizon.

ARTHUR

D'un souffle Dieu chasse les nuages.

DES ROCHES

Mais qui nous prouve qu'il ne les a pas amoncelés sur nos têtes, sinon pour nous punir, du moins pour nous éprouver ? Devons-nous donc rester dans une molle inertie ?

ARTHUR

Que voudriez-vous faire, Des Roches ?

DES ROCHES, solennellement.

Le moment de le dire est venu, Monseigneur. Rendre aux deux Bretagnes leur souverain légitime, vous faire proclamer roi d'Angleterre.

Moi, Des Roches, moi, roi d'Angleterre ! Un pauvre enfant qui peut à peine tenir le sceptre ducal, vous écraseriez son jeune front sous le poids d'une triple couronne...

Restons, restons dans cette chrétienne société dont vous
parliez si bien tout à l'heure. Ne peut-elle suffire à mon
ambition comme elle suffit à mon bonheur? J'échangerais
mon heureux pouvoir, ces joies pures, ces vertus faciles,
contre des devoirs au-dessus de mes forces et des dangers
de toute espèce! Et j'exposerais avec moi, non pas seulement mon peuple bien aimé, mais d'autres peuples qui ne
me connaissent pas, qui ne m'aiment pas, qui ne veulent
pas de moi!... Le pouvoir, je ne l'aime que pour le peu
de bien que je procure; les honneurs, plus je vais, plus je
m'en détache. Jamais, depuis que ma mère m'a quitté pour
aller en cour de Rome, jamais je n'ai été aussi heureux
qu'aujourd'hui, dans ce manoir, sous ce riant soleil, au
milieu de tous vos bons vassaux, auprès de vous surtout,
mon vieil ami, et de Marie, ma bonne et gentille petite
sœur.

DES ROCHES

Pas de faux fuyants, Arthur. Je parlerai : il le faut...
Ce bonheur que vous goûtez, il ne vous suffit pas de le
partager avec nous; vous devez l'assurer à vos barons. Dieu
ne vous donna pas pour rien une naissance royale. Vous
êtes notre maître, vous devez être notre défenseur. Deux
ennemis nous pressent, Philippe et Jean : c'est à vous de
nous en délivrer. Or, en se débarrassant de celui-ci, on
peut tenir tête à l'autre... Philippe, ses intentions ne sont
pas douteuses, convoite la Bretagne comme la Normandie,
comme l'Anjou, comme la Guyenne, comme toutes les provinces du continent. Les desseins de Jean ne sont pas meilleurs : c'est la vieille politique des Plantagenet, alors que
la maison d'Anjou ne s'était pas alliée au sang dégénéré des

Penthièvre. Mais de cette politique déloyale la Bretagne a toujours fait justice. Vous veniez de naître, Monseigneur, et, pour mieux assurer sur vous son domaine, Henri vous appelait de son nom; mais la Bretagne vous revendiqua et vous salua du nom d'Arthur, de ce nom qui était déjà une espérance. Plus tard, le même despote imposait une mésalliance à votre mère; mais presque aussitôt Constance, aux acclamations de toute la Bretagne, chassait de sa couche et de son trône l'indigne Ranulphe de Chester. Après Henri ce fut Richard qui, lui aussi, viola la foi jurée et nous surprit et décima en de traîtreuses rencontres; mais il dut céder à son tour et nous accorder une paix honorable. Et maintenant c'est Jean, qui n'a de ses devanciers que les vices, d'autre puissance que celle que nous lui abandonnons, c'est Jean qui nous menace! Laisserez-vous donc ce misérable se prévaloir de votre inaction, s'agrandir à vos dépens et, par votre faute, devenir un ennemi redoutable?

ARTHUR

Encore une fois, que me demandez-vous?

DES ROCHES

De le combattre, de l'écraser. L'Angleterre est aux abois, sans armée, sans argent, sans moyen de se procurer l'un ou l'autre. Le clergé persécuté par Henri, spolié par Richard, craint encore plus des entreprises de Jean. Les barons qui viennent de voir l'un des leurs, le duc de Glocester, servilement dépouillé à la voix du roi de France, craignent pour eux le même sort et s'indignent des lâchetés du tyran. Le peuple, dévoré par la fièvre de l'indépendance, ne rêve que communes et n'enfante que séditions. Voilà pour nos ennemis. Pour amis, nous avons tous les Bretons de l'île, nos frères de Galles, d'Irlande et d'Écosse; pour amis encore, tous les États du continent. Dites un mot, Monseigneur, et l'Angleterre comptera enfin un souverain digne d'elle, la France, un voisin... respectable.

ARTHUR

Ce mot, je ne le dirai pas, Des Roches. Vous-même l'avouez : qu'on attaque la Bretagne sur son terrain, et elle est invincible. Elle possède aujourd'hui la paix : qu'elle garde un bien si précieux! Il lui sera toujours temps de se défendre, quand on viendra l'attaquer.

DES ROCHES

Ne comptez-vous pour rien les horreurs d'une guerre défensive? Rappelez-vous ces souterrains de Fougères où nos Bretons n'échappaient aux Normands et aux Saxons que pour tomber sous un ennemi plus terrible, la faim! Et ces saintes églises où le roi Richard nous faisait enfumer... Nos femmes outragées, nos enfants massacrés, la jeune épouse, prête à devenir mère, écrasée avec son fruit; nos mâles jeunes gens réduits à une honteuse impuissance; la vie partout tarie dans sa source; des ruines aux lieux où s'élevaient nos foyers, l'orgie et le sacrilège dans la maison du Seigneur; l'inondation ou le feu dans nos campagnes; dans nos familles la honte, le désespoir et la mort.

ARTHUR

Affreux malheurs, Des Roches, dont on ne se console qu'à la pensée du martyre. Mais serions-nous des martyrs, nous, qui irions porter le fer et la flamme chez nos voisins? La destinée des princes les expose à faire la guerre; mais qu'ils sont coupables, s'ils l'entreprennent sans cause légitime !

DES ROCHES, qui, pendant ce couplet, a remonté la scène.

Cette cause, vous allez donc l'avoir, Monseigneur. Écoutez! (On entend le son du cor.) Dieu soit loué! Voici nos sauveurs.

UN OFFICIER

Les envoyés des provinces anglaises du continent sollicitent audience de Monseigneur le duc de Bretagne.

ARTHUR

Qu'ils entrent!

SCÈNE V

LES MÊMES, LES ENVOYÉS DES PROVINCES

LE COMTE DE LA MARCHE

Monseigneur, au nom des provinces d'Anjou, de Poitou, de Maine et de Touraine, nous venons remettre en vos mains cette très humble supplique.

ARTHUR

Merci, seigneur comte. (Lisant.) « Au très excellent duc de Bretagne, nous, représentants des Provinces unies du continent, ses hommes liges et féaux serviteurs, salut et obéissance.

« La mort du roi Richard nous a faits vos vassaux ; nous venons réclamer votre appui. Philippe de France, sous prétexte de mettre l'ordre en nos États, nous circonvient de toute part. De son côté, Jean nous somme de lui faire hommage et, sur nos refus, nous menace. Placés ainsi entre les intrigues du roi des Français et les vengeances du comte de Mortain, nous ne pourrions tenir longtemps. Et cependant, nous osons le dire, de notre salut dépend celui du continent et le vôtre, Monseigneur. Unis à vous, nous opposons une barrière insurmontable aux entreprises soit des Anglais, soit des Français; séparés, isolés, on nous accable; et nos provinces deviennent un champ de bataille permanent, le théâtre des luttes les plus sanglantes.

« C'est pourquoi nous venons nous réclamer de vous, Monseigneur, qui êtes, par le sang et par le caractère, si digne de nous commander et protéger. Jean n'est pas notre roi; il ne le sera jamais. Le serait-il, qu'à l'instant, usant de nos franchises, nous le déposerions comme lâche souverain et indigne ravisseur de l'honneur de ses sujets. Protégez-nous contre l'usurpateur; pacifiez, en les contenant, la France et l'Angleterre; sauvez-nous en vous sauvant. » (Lisant les signatures.) La Marche, Thouars, Lusignan, Mauléon, Dampierre... Ce sont bien les représentants de vos provinces, car je ne lis que des noms glorieux. Mais qu'espèrent-ils en s'adressant à moi? Je suis trop faible, trop jeune, trop inexpérimenté...

DES ROCHES, vivement.

Monseigneur, vous n'êtes pas juge... Et vous n'avez plus à délibérer quand vos barons vous requièrent.

LE COMTE DE LA MARCHE

Nous venons vous supplier, Monseigneur. Au besoin nous vous requerrons et mettrons en demeure.

DES ROCHES, triomphant.

Le moment est venu, Monseigneur!

ARTHUR

D'être roi d'Angleterre, Des Roches? Jamais. Il s'agit de défendre nos barons et avec eux nos libertés menacées. Dieu le veut : j'obéirai... Comte de la Marche, vous avez pouvoir de traiter avec nous. Quelles sont vos propositions?

LE COMTE

Il n'y a pas un instant à perdre, Monseigneur. Une entrevue doit avoir lieu entre Jean et Philippe; elle peut se terminer par un accord; il faut la prévenir.

ARTHUR

Où doit-elle avoir lieu?

LE COMTE

A Vernon, en Normandie. Déjà tous nos barons s'y rendent.

ARTHUR

Nous allions à Rennes, nous irons à Vernon. Nous partons avec vous, Messeigneurs.

TOUS

Vive le duc de Bretagne!

DES ROCHES

O Monseigneur! vous nous comblez. Nous allons donc

nous trouver en face de ces Français... Eux si fiers, ils
nous verront fiers aussi, ne craignant rien, ne priant pas,
faisant librement nos conditions... (Tumulte au dehors.) Quel est
ce bruit? De la mutinerie, je crois? Nous ne jouons pourtant pas aux Communes, ici.

SCÈNE VI

LES MÊMES, MARIE, MORRIS, DAMES, SUIVANTES, LE PEUPLE

MARIE

Mon père, ce sont vos hommes. Ils croient qu'on veut
leur enlever leur bon duc et ils viennent pour le défendre.
(Le peuple fait irruption sur la scène armé de bâtons, de fourches et d'épées.)

DES ROCHES

Oui-dà, mes maîtres, c'est ainsi que vous nous témoignez
votre amour : par la sédition, par la révolte! Et c'est vous,
maître Jégo, l'un des anciens de la paroisse, que je vois à
la tête des factieux !

MAITRE JÉGO

C'était pour les empêcher de mal faire... Le crime n'est
pas grand, Monseigneur.

DES ROCHES

Si grand, maître Jégo, que je pourrais, pour vous l'apprendre, vous faire attacher à ce poteau que vous voyez là-bas. (Il montre une potence.)

MAITRE JÉGO

Pour avoir voulu défendre notre bon duc et vous, Monseigneur : vous ne le ferez pas... Après ça, si c'est votre jus-s'il le faut pour le bon exemple, faites ! Ma conscience ne me reproche rien.

ARTHUR

Il ne le fera pas, maître Jégo. C'est moi qui sollicite votre grâce... Merci, mes bons amis ! Dorénavant, soyez non moins dévoués à vos barons, mais plus confiants dans leur sagesse... Avec un seigneur tel que le vôtre, un peuple n'a jamais rien à craindre... Nous partons, oui, mais pour revenir ; nous partons avec ces nobles représentants de vos frères d'Anjou, de Poitou, de Maine et de Touraine, afin de combattre pour vous tous, pour votre liberté et votre gloire... Adieu, mes amis, mes enfants, mes frères ! (Se tournant vers Marie.) A vous ma dernière parole, Marie ! Au revoir, à bientôt, chère sœur ! N'oubliez pas votre frère.

MARIE

Adieu, Monseigneur !

ARTHUR

Ne dites pas ce mot, Marie!... Un jour nous nous reverrons... jour bienheureux! Priez Dieu pour que bientôt il arrive. (A Morris.) Au revoir, dame Morris! Je ne suis pas Saxon, moi.

DES ROCHES

Allez-vous pleurer à présent? Marie, tu veux donc me rendre jaloux?... Allons, à genoux! La prière d'un père sur la tête de son enfant, cela porte bonheur à tous les deux. « Mon Dieu! exaucez-moi, protégez-là! » Et maintenant dans mes bras!... Pauvre enfant, tu n'as plus ta mère, mais elle prie pour nous au ciel... Morris, en souvenir de votre bonne maîtresse, ayez bien soin de sa fille!... Si tout nous réussit là-bas, tu viendras nous y rejoindre, Marie... Sinon, tu auras une prière de plus pour les voyageurs; tu visiteras plus souvent les pauvres et les malades, et le bon Dieu te donnera la patience... Adieu, Marie! (A la cantonade.) Adieu, vous tous, méchants enfants! (Il essuie une larme.) Et vive la Bretagne!

ARTHUR, lui donnant la main.

Vive la Bretagne!

TOUS

Vive notre bon duc! Vive Monseigneur Des Roches! Vive la Bretagne!

FIN DU PREMIER ACTE

ACTE II

VERNON EN NORMANDIE

Le camp français. — Quartier des Bretons

SCÈNE PREMIÈRE

LE VICOMTE DE LÉON, DES ROCHES, CHEVALIERS, HOMMES D'ARMES

LE VICOMTE

Monseigneur ne revient pas! Pourquoi le roi l'a-t-il fait appeler?

DES ROCHES

Qui sait? Peut-être pour un accord avec l'Angleterre. Jean est proche; peut-être l'un des barons, peut-être lui-même s'est-il rendu près du roi.

LE VICOMTE

C'est impossible. Le duc de Bretagne en eût été averti. On ne l'eût pas, en si grave occurrence, séparé de ses barons.

DES ROCHES, ironiquement.

Philippe n'est-il pas son parrain? Qui peut le mieux conseiller?

LE VICOMTE

Vous n'aimez pas le roi de France, sire chevalier.

DES ROCHES

Oh! je lui rends toute justice... Il est prince trop habile pour être un bon parrain.

LE VICOMTE

Enfin voici Monseigneur.

SCÈNE II

LES MÊMES, ARTHUR

ARTHUR, avec émotion.

Oh! mes amis...

LE VICOMTE

Quoi donc, Monseigneur?

ARTHUR

Apprenez que le roi de France nous a fait mander tout
à coup pour nous mettre en face de Jean et que là il nous
a requis de l'hommage envers ce prince.

LE VICOMTE

Et vous avez refusé, Monseigneur.

DES ROCHES

Vous auriez consenti...

ARTHUR

J'ai offert à Philippe de lui renouveler mon double
hommage. Au roi d'Angleterre j'ai tout refusé.

DES ROCHES

En sorte que les rois de France et d'Angleterre...

ARTHUR

Mécontents tout les deux, se liguent tous les deux contre
moi. La rupture est imminente; (aux chevaliers) et je vous
avise, Messeigneurs, de vous tenir prêts à partir.

LE VICOMTE

Et pas un baron de France ne protestera!

ARTHUR

Les barons de France! quand leur maître m'honorait de
sa royale faveur, ils se rangeaient à mes côtés, que dis-je?
ils rampaient à mes pieds. Aujourd'hui qu'il me retire
ou semble me retirer ses bonnes grâces, tous s'éloignent
et m'abandonnent.

LE VICOMTE

Il vous reste ceux qui ne vous ont jamais quitté, Monseigneur.

DES ROCHES

Comptez bien, mon prince; dix de ces barons de France
si bruyants, si divers, si légers à soulever comme à battre
ne font pas, en bonne conscience, la monnaie d'un seigneur
breton.

ARTHUR

Non, le sang breton ne se démentira pas; il coulera
pour nous venger des lâches et des traîtres; mais, hélas!
il coulera...

LE VICOMTE

Dieu nous impose l'épreuve; notre bras fera le reste.

DES ROCHES

Notre bras sans doute, et il en ferait bien d'autres...
Mais avec le bras, Dieu nous donna la tête; c'est aussi
pour nous en servir. Voici ce que la mienne me suggère.
Philippe, parce que tel est son bon plaisir, nous a sacrifiés
à Jean. Jean, à son tour, pour peu que l'envie lui en
prenne, nous sacrifiera à Philippe... Contre cela beaucoup
à dire sans doute, mais de haute lutte rien à faire... Le
plus fort sera toujours le plus fort... Voulons-nous, en ce
jeu de mail, ne pas être toujours la balle qu'on chasse et
qui va mourir ou se perdre?... Le moyen est singulier
en apparence; mais il n'y en a pas d'autre : c'est de
laisser faire.

LE VICOMTE

Des Bretons s'avilir!

ARTHUR

Laissez-le dire jusqu'au bout.

DES ROCHES

La balle mal frappée atteint, blesse et tue le joueur...
C'est un hasard, mais pour nous le hasard n'est pas impossible... Car ici le projectile, c'est une force intelligente et
volontaire, c'est la Bretagne... Philippe nous abandonne!
Tant mieux! Tournons-nous du côté de Jean. Celui-ci ne
nous craignant plus cesse lui-même d'être à craindre : il
est son plus cruel ennemi : ses vices et ses excès l'auront

bientôt renversé. Quelque temps seulement de cette résignation habile, Monseigneur, et l'on vous proclame roi d'Angleterre.

LE VICOMTE

J'en augure tout autrement. L'héroïsme de la Bretagne fait sa force. Si elle l'abdique, à quoi lui sert la chute de Jean? On renverse le tyran; on ne proclame pas le duc Arthur.

ARTHUR

S'agit-il donc de savoir si je serai roi d'Angleterre? O mes amis, vous me faites injures... Ma résolution ne saurait être douteuse. Elle m'est dictée par mes devoirs. Vassal de Philippe, je ne faillirai pas à l'honneur; mais lié par mes serments envers les provinces, j'userai de tous mes droits pour les défendre. La guerre s'ensuivra : je ferai la guerre. Dieu sait qu'à tout prix, c'est ce que je voudrais éviter.

DES ROCHES

Vous en pouvez prévoir l'issue.

ARTHUR

Dussions-nous y succomber, il la faut soutenir. Croyez d'ailleurs que j'en vois tous les dangers. Ce sont des temps bien malheureux que les nôtres. Avec les mœurs antiques s'en vont les antiques libertés. Votre société domestique, tant vantée, n'existe plus que de nom. Le baron a cessé d'être le père de ses sujets et ses sujets se révoltent contre le baron. Que dis-je? les barons entre eux se déchirent. Plus de lien commun : ni foi, ni loi, ni mœurs. Nous sommes bien coupables... Et, comme autrefois en Israël, Dieu nous envoie les rois pour nous punir. Ils régneront, car notre gouvernement tombera en expiation de nos fautes. Ils régneront, si la liberté, exilée de nos manoirs, trouve abri auprès de leur trône. Mais d'ici là que de mécomptes et de calamités! Voyez Jean, voyez Philippe lui-même, ces rois d'un jour, déjà rompus aux habitudes des tyrans... Laisserons-nous donc faire, comme on nous le propose? Mais ce serait de la félonie. Soumettons-nous à ce que Dieu a voulu en effet, confessons notre insuffisance, subissons un pouvoir supérieur et fatal; mais pour le bien des peuples, en sacrifiant de vaines prérogatives, ne cédons pas les plus sacrés de nos droits. Si nous voulons de grands rois, soyons nous-mêmes de fiers sujets, sachons toujours être libres... Nous en devons l'exemple au monde.

DES ROCHES

Les bons exemples sont précieux. Le succès seul les rend sensibles. Or, nous prenons singulièrement la voie du succès... Oh! Pardonnez, Monseigneur et laissez dire! Dans les élans de votre cœur généreux vous ne voyez que le dévouement et ne croyez même pas à un malheur public. Et pourtant combien d'innocentes victimes parmi ce peuple confié à votre garde... Bons et nobles enfants de la Bretagne, ils se feront tuer jusqu'au dernier... Mais croyez-vous que dans leur dévouement sans fracas il n'y aura pas au fond une grande amertume? Ce pauvre *pen-ty* qui ne peut plus donner de pain à ses enfants, qui

voit son champ dévasté, son foyer mis au pillage, sa femme,
sa fille, la sépulture de ses pères, le temple de son Dieu,
son Dieu lui-même en butte à tous les outrages, croyez-vous
qu'il ne sentira pas son cœur se serrer et qu'il n'aura pas,
jusqu'en son sacrifice, un moment de désespoir, sinon de
doute et de révolte? Et s'il était possible d'épargner le
sang de tant de braves, quels regrets plus tard et quelle
honte pour le prince de les avoir immolés à de faux scrupules d'honneur, que dis-je? à une vanité aveugle et
féroce?

ARTHUR

Des Roches!

DES ROCHES

Pardon, Monseigneur! Mais un vieux serviteur vous doit
toute la vérité. Nous recherchons les glorieux dévoue-
ments; nous reculons devant d'obscurs sacrifices. Les
œuvres ingrates, mais utiles, les services impopulaires, ce
sont pourtant aussi des actes de dévouement. Croyez-en
ma vieille expérience, Monseigneur, la vie publique n'est
pas ainsi faite qu'on y puisse toujours aisément distinguer
le bien du mal et préférer l'un à l'autre. Souvent le souverain trouve en lui des doutes cruels comme autour de
lui des mécomptes plus cruels encore... Veut-il être grand:
il faut qu'il les surmonte... Ici particulièrement ce qu'il
nous faut craindre, ce n'est pas de paraître céder et avoir
peur; ce serait d'avoir peur en effet, en ne nous mettant
pas au-dessus du vulgaire et préférant les passagères con-
solations de la renommée à notre intérêt, notre devoir...

Il ne s'agit pas de mourir de mort plus ou moins héroïque;
il faut sauver la Bretagne.

ARTHUR

Ce langage pacifique dans votre bouche, Des Roches, a
de quoi me surprendre. Oubliez-vous de récents et belli-
queux conseils?

DES ROCHES

Les circonstances changent, la politique avec elle, mais
mon cœur ne change pas. Il est toujours dévoué à son
prince comme à son pays.

ARTHUR

Enfin, que nous proposez-vous?

DES ROCHES

L'ambassadeur d'Angleterre vous a fait demander audience, Monseigneur. Je vous en conjure, laissez-moi le
recevoir, m'entendre avec lui... Et si je ne vous rapporte
pas toutes les conditions d'une paix honorable et avanta-
geuse...

ARTHUR

Allez donc! car malgré des répugnances trop légitimes,
je ne rejette d'avance aucun parti... Mais vous, vicomte
de Léon, qui partagez tous mes doutes, veillez aux préparatifs du départ. (Des Roches et le vicomte de Léon sortent.)

SCÈNE III

ARTHUR, seul.

Des Roches tient pour l'alliance anglaise et beaucoup
de mes barons avec lui... Et cependant je me sens pour un
tel parti l'éloignement le plus invincible... Si je me rends,
dans ma pensée je me perds; si je persiste dans l'alliance
française, mes barons m'abandonnent, Des Roches lui-
même, mon second père, le père de Marie! Pensée
cruelle!... Et cependant que le devoir l'ordonne, il faudra
obéir, il faudra me séparer de mes barons... de Des
Roches... de Marie... (L'apercevant.) Mon Dieu, soutenez
mon courage! La voici.

SCÈNE IV

MARIE, ARTHUR

MARIE

Pardon, Monseigneur! auprès de vous je croyais trouver
mon père.

ARTHUR

Vous ferais-je peur, Marie ?

MARIE

Je n'ai pas dit cela, Monseigneur.

ARTHUR

Mais rien n'indique non plus que ma présence vous soit agréable.

MARIE

Oh ! Monseigneur... N'attribuez mon embarras qu'au respect, à l'émotion... et permettez que j'aille rejoindre mon père.

ARTHUR

Demeurez... Le respect : j'aimerais mieux votre aimable liberté d'autrefois. L'émotion : quelle en peut être la cause ?

MARIE

Vous me le demandez, Monseigneur ! Est-ce que je n'ai pas entendu ce que tout le monde répète ? Est-ce que je n'ai pas appris le piège tendu, l'injure faite au duc de Bretagne et la noble fierté avec laquelle il a su résister aux rois de France et d'Angleterre ? Je savais tout cela, Monseigneur, et je venais demander à mon père s'il fallait me tenir prête à partir.

ARTHUR

Chère sœur! (En soupirant.) Pourvu que ce départ ne soit pas une séparation!

MARIE

Que dites-vous, Monseigneur?

ARTHUR

Hélas! que Des Roches et moi nous sommes au moment de ne plus nous entendre; que celui qui m'a toujours servi de père menace d'abandonner son fils; qu'il veut, Marie, vous séparer de votre frère.

MARIE

Est-ce lui ou vous, Monseigneur?

ARTHUR

Moi, Marie! Je suis donc trop fort, trop sûr de moi-même pour n'avoir plus besoin de mes bons et fidèles amis? Et c'est au moment que Philippe me délaisse que je me séparerais, de gaîté de cœur, de mes seuls et vrais soutiens! Ce n'est pas assez que le prince soit isolé, abandonné; il faut que l'homme le soit aussi: qu'il n'y ait pour lui, ni dans le présent ni dans l'avenir, aucune des douces joies de la famille. Sa mère, les événements l'en séparent; son père adoptif, la politique lui en fait un ennemi... Et il ne lui restera pas une sœur pour lui rendre

un peu de courage et d'espoir... Oui, oui, c'est moi qui
ai voulu tout cela.

MARIE

Arthur, mon frère!

ARTHUR

Chère sœur! Je vous retrouve... Vous êtes si bonne, si
aimante, si fidèle!

MARIE

Faut-il tant me louer parce que je parle comme je
pense?

ARTHUR

Vous êtes d'une franchise ravissante, Marie, et près de
vous je retrouve toute ma sérénité. Oh! que je serais un
grand prince si j'avais toujours pour me relever, me conseiller et m'inspirer, une sœur telle que vous!

MARIE

Quel conseil vous auriez là!

ARTHUR

La vraie politique vient du cœur, et si tout le monde
avait votre cœur, Marie... Mais ce ne serait plus le monde,
ce serait le paradis.

MARIE

Est-ce que mon père ne pratique pas la politique du cœur ?

ARTHUR

Sans doute, sans doute. Mais il y mêle je ne sais quels préjugés anglais et toutes les prétentions d'une vieille expérience.

MARIE

Mon père ne parle et n'agit que dans votre intérêt, Monseigneur.

ARTHUR

Je suis le premier à le reconnaître; mais je crains qu'il ne se trompe, pour notre malheur à tous.

MARIE

Que dites-vous, Arthur?

ARTHUR

Qu'il veut me forcer à contracter alliance avec l'Anglais, qu'il a tourné l'esprit de mes barons à cette politique et que je n'en veux pas, moi.

MARIE

Alors c'est vous qui voulez la séparation?

ARTHUR

Faut-il me reprocher de tenir mes serments?... Marie,
vous souvient-il de ce jour où pour la première fois nous
nous quittâmes? C'était dans le   ir de votre père. Je
faisais l'apprentissage des devoirs d'un souverain et ne me
doutais guère, hélas! que j'allais sitôt en connaître les sou-
cis et les périls.

MARIE

Nous étions en la grande salle du manoir et trompant, à
notre demande, l'inflexible vigilance de mon père, Morris
nous racontait une de ces vieilles légendes que nous
aimons tant!

ARTHUR

Vous rappelez-vous cette légende, Marie?

MARIE

Si je me la rappelle! Le roi Alfred quittant la chaumière du vieux Dick pour aller reconquérir son beau
royaume... Les adieux de Marguerite à Alfred et puis la
mort de la pauvre fille.

ARTHUR

Ne vous souvient-il pas d'autre chose?

MARIE

Il y avait ensuite nos réflexions. Vous, Arthur, vous
blâmiez Alfred; moi, je louais Marguerite.

ARTHUR

Et en les approuvant tous les deux, ne pensiez-vous qu'à eux, Marie?

MARIE, embarrassée.

Je ne me rappelle pas... Je ne puis me rappeler.

ARTHUR

Oh! je me rappelle bien, moi... Vos éloges, noble fille, voulaient dire: « Elle a bien fait, la pauvre Marguerite; elle est morte pour Alfred; elle ne pouvait pas l'aimer davantage. » Mais moi, en blâmant Alfred je disais: « Il a eu tort, Alfred, il a été bien coupable... Puisque Marguerite l'aimait jusqu'à donner sa vie pour lui, il pouvait bien, lui, donner un royaume à Marguerite. » Je pense toujours ainsi, Marie.

MARIE

Et moi comme Marguerite.

ARTHUR, avec enjouement.

Vous ne penserez donc jamais comme moi, Marie? Oh! vous n'êtes pas ma sœur.

MARIE

Arthur!

ARTHUR, plus timide.

Vous n'êtes pas ma sœur... Vous ne m'aimez pas assez ou moi je vous aime trop... Je vous aime... plus qu'Alfred n'aimait Marguerite, car il la quitta; et moi je ne vous ai jamais quittée, je ne vous quitterai jamais. Lorsque, pour la première fois, le devoir nous sépara, il ne mit entre nous que l'espace. Par la pensée j'étais avec vous.

MARIE, pensive.

Ainsi Alfred avec Marguerite.

ARTHUR

Non, car il choisit une autre compagne. Et vous, Marie, vous serez toujours ma compagne.

MARIE

Par les vœux et par la prière je ne vous quitterai jamais, Monseigneur.

ARTHUR, à part.

Ange de pureté! Oh! ne jetons pas dans son âme le feu qui brûle et consume la mienne... (Haut.) Marie, un gage d'amitié à votre frère... Cette bague.

MARIE

Elle m'est bien précieuse... Elle me vient de ma mère...

Mais j'en ai d'autres... La voici. Vous prierez Dieu pour ma mère, Arthur?

ARTHUR

Merci, ô ma bien-aimée sœur! Recevez en échange cet anneau qui me vient de mon père... Et maintenant laissez faire Arthur! Il trouvera bien dans le temps et dans l'espace le moyen de ne jamais plus vous quitter.

SCÈNE V

LES MÊMES, DES ROCHES

DES ROCHES, à part.

Seuls ensemble et tous les deux émus... Que signifie?... Allons donc! (Haut.) Je vous l'avais promis, Monseigneur; j'ai réussi. (A sa fille.) Marie, laisse-nous.

MARIE

Oh! qu'ils sont fâcheux, ces hommes, avec tous leurs secrets d'État.

ARTHUR

Moi, je n'ai pas de secrets pour vous, chère sœur.

DES ROCHES

Et moi, chère enfant, je te prie de nous laisser seuls un instant. J'apporte, je l'espère, de bonnes nouvelles. Quand il sera temps de nous en réjouir, alors tu viendras.

MARIE

Oui, oui, c'est toujours comme cela. Par égard pour un sexe faible on le relègue dans sa faiblesse. Ingrats! nous qui aimerions tant à partager vos ennuis!...

DES ROCHES

Et nos secrets, n'est-ce pas? Allons, Marie, ta place n'est pas en un conseil de guerre.

MARIE

J'obéis, mon père... Mais vous me promettez de ne pas vous fâcher, tous les deux, de toujours vous bien entendre et de me rappeler au plus tôt pour m'associer à votre joie.

(Elle embrasse son père, presse la main d'Arthur et sort.)

SCÈNE VI

ARTHUR, DES ROCHES

DES ROCHES, à part.

Toujours cette émotion... Je saurai ce que cela veut dire.

ARTHUR, qui pendant cet aparté n'a pas cessé de regarder Marie.

Pourquoi l'avoir éloignée, Des Roches?

DES ROCHES

Pourquoi, Monseigneur? Parce que nous devons avoir ensemble une explication décisive et que devant Marie cette explication ne serait pas possible.

ARTHUR, à part.

Il dit plus vrai qu'il ne pense... Pour empêcher une rupture, il faut parler. (Haut.) En effet, Des Roches, il y a un parti à prendre.

DES ROCHES, à part.

Par où commencer? Je ne sais... (Haut.) Je vous disais

donc, Monseigneur, que j'apporte d'excellentes nouvelles...
une paix aussi bonne, meilleure que nous ne pouvions
l'espérer.

ARTHUR

A quelles conditions?

DES ROCHES, à part.

Nous y voilà! (Haut.) Il va sans dire que vous gardez votre
duché.

ARTHUR

Oh! pour cela, d'accord!

DES ROCHES

Vassal, mais de nom seulement, vous n'êtes tenu d'aucune redevance.

ARTHUR

Rappelez-vous ce mot d'un de nos ancêtres : « Les tri-
buts, c'est avec le fer que nous les payons. »

DES ROCHES

Reste la question épineuse des provinces... Question
résolue, bataille gagnée, Monseigneur! Jean renonce à son
droit.

ARTHUR

C'est impossible, ou il y a là-dessous quelque piége... Ses conditions?

DES ROCHES

On conçoit qu'il en fasse après de telles concessions. Mais fiez-vous-en à moi, Monseigneur : elles n'ont rien que d'honorable.

ARTHUR

Parlez donc!

DES ROCHES

Voyons, Arthur! S'il dépendait de vous d'épargner le sang de la Bretagne, de réconcilier deux peuples nés pour vivre en frères, de ramener la concorde dans l'illustre maison de Plantagenet; si l'on ne vous demandait, en échange de tous ces avantages, qu'un seul et unique sacrifice et que tous vos barons vous conseillassent de le faire : dites, ne le feriez-vous pas?

ARTHUR

Tout ce que la conscience permet et le devoir commande, je le ferais.

DES ROCHES

Ce sacrifice est moins grand que vous ne pensez... Et il aurait des résultats immenses.

ARTHUR, d'un ton persuasif.

Eh mon Dieu! Des Roches, je ne demande pas tant...
Ma conviction peut être erronée : que mes barons m'aver-
tissent... Pour le bien de mes sujets rien ne me coûtera...
Et si j'avais dans la vie privée ce qui me manque...

DES ROCHES

Oh! je comprends : un intérieur, n'est-ce pas? une
famille?

ARTHUR

Vous l'avez dit. Il vient un âge où l'homme ne se con-
tente plus d'être aimé ou de n'aimer que d'un amour sté-
rile. Il lui faut de plus mâles affections, des êtres à protéger, toute une société à gouverner et à conduire... L'amant
fait place au père de famille.

DES ROCHES, joyeusement.

Le mariage, c'est cela.

ARTHUR

Mais ne vous trompez pas! J'ai là-dessus aussi mes
idées... Vous autres barons, fiers de vos droits et jaloux
de vos privilèges, vous chercherez bien l'amour dans le
mariage, mais par-dessus tout l'honneur. Soit désinté-
ressement ou faiblesse, j'en juge autrement. Le mariage
à mes yeux n'a de vie que l'amour.

DES ROCHES

Nous ne sommes pas loin de nous entendre.

ARTHUR

Non pas que je songe à déroger... « Noblesse oblige. »
Je ne l'oublierai pas. Mais il me semble que la modération
dans la grandeur, c'est à la fois de la force et de la sagesse.

DES ROCHES

Admirablement dit.

ARTHUR

Si donc un prince aimé de ses sujets savait borner son
ambition à leur amour; si, au lieu de briguer dans le
mariage quelqu'une de ces alliances politiques, peu sûres,
parce qu'elles sont fondées sur les hasards du moment et
non sur la réalité des convenances; s'il demandait à la
mère patrie, à la famille ou à la vie privée la femme
selon son cœur...

DES ROCHES

Achevez, Monseigneur!

ARTHUR, à part.

M'aurait-il compris? (Haut.) Mon avis est qu'en cela le
prince ferait preuve d'autant d'habileté que de sagesse.

DES ROCHES, avec effusion.

O mon prince! Combien je désirais, sans vouloir le prévenir, cet heureux instant qui nous accorde!

ARTHUR

Laissez-moi donc déposer aux pieds de Marie... (Il va pour s'incliner.)

DES ROCHES, l'arrêtant.

De Marie?

ARTHUR

Sans doute; et après ce que je viens d'entendre...

DES ROCHES

Mais c'est la fille de Jean que je vous propose, Alvisia de Glocester.

ARTHUR

C'est la main de votre fille que je vous demande.

DES ROCHES

Ainsi je ne m'étais pas trompé... Cette émotion de tout à l'heure, votre intimité de tous les jours...

ARTHUR

C'étaient les indices de notre amour.

DES ROCHES

Et cette bague?

ARTHUR

C'est Marie qui me l'a donnée.

DES ROCHES

Et elle vous a avoué qu'elle vous aime?

ARTHUR

Non, mais j'ai cru le comprendre.

DES ROCHES

Et vous, Arthur, vous lui avez dit que vous l'aimez?

ARTHUR

Vous-même ne l'avez-vous pas deviné?

DES ROCHES

J'aurais dû le craindre... Oh! qu'avez-vous fait, Arthur?

ARTHUR

Mais rien de plus simple et surtout de plus sincère.

DES ROCHES

Arthur, si devant vous l'on avait outragé votre mère, que feriez-vous?

ARTHUR, portant la main à son épée.

Vous me le demandez!

DES ROCHES

Moi, Arthur, je n'avais au monde que ma fille, en elle j'avais mis toute ma consolation, tout mon espoir. Et c'est vous, vous, Arthur, qui l'outragez.

ARTHUR

Outrager Marie!

DES ROCHES

Vous avez fait pis que cela. Un outrage, la main d'un fils, d'un époux ou d'un père en venge la femme outragée. Sa vertu d'ailleurs suffit à la défendre... Mais abuser de la foi d'un ami pour s'attaquer à une innocente jeune fille; jeter dans le cœur pur d'un enfant la pensée, les dési coupables...

ARTHUR

Oh! que dites-vous là, Messire!

DES ROCHES, sans l'écouter.

Ainsi mon dévouement à votre personne, les soins assidus que je pris de votre enfance, la reconnaissance, l'amitié, l'honneur, rien n'a pu vous arrêter... Tandis que je maintenais les droits du duc de Bretagne, prêt à verser mon sang pour lui, le duc de Bretagne ne songeait qu'à me ravir ma fille...

ARTHUR

Arrête, malheureux! Marie sera ma femme.

DES ROCHES

Vous l'avouez donc, votre crime?

ARTHUR

Oui, si c'est un crime, j'aime Marie.

DES ROCHES

La fille de l'obscur Des Roches, mais elle ne peut pas être, elle ne sera jamais votre femme... là, vous le savez bien... En sorte que vous n'avez songé à elle que par désœuvrement et pour satisfaire un noble caprice... Et vous dites que vous l'aimez, vous? Que vous avait-elle fait, cette pauvre enfant pour que vous empoisonniez sa jeune âme d'un amour sans espoir et sans honneur?

ARTHUR

Des Roches, je n'ai pas fait cela... Tout à l'heure, quand nous étions si bien d'accord, je prenais et donnais pour la réalité ce qui n'était qu'une espérance... A présent je ne le puis plus... Sachez-le donc bien; depuis longtemps j'aime Marie; jamais je ne lui en fis l'aveu.

DES ROCHES

C'est impossible.

ARTHUR

Devant Dieu je le jure.

DES ROCHES

Pardon, Monseigneur, pardon! J'aime tant ma fille! Et maintenant, accordez-moi grâce entière... Par la mémoire de votre père, par l'amour de l'illustre Constance votre mère, abjurez un amour impossible.

ARTHUR

Je vous demande la main de Marie.

DES ROCHES

Que diraient la France et l'Angleterre, Monseigneur, que dirait l'Europe, si elle voyait le duc de Bretagne se mésallier à ce point? Qu'est-ce que cette famille Des Roches

dans laquelle vous voudriez descendre? Des gens nobles,
il est vrai, mais sans un titre un peu important; ni mar-
quis, ni comtes, ni vicomtes. Ses alliances sont nulles;
son patrimoine assez mince; pas une illustration ni dans
les armes, ni dans l'État, ni dans les lettres; un peu de
dévouement, voilà tout... Quels ennemis vous vous feriez,
Monseigneur, et à nous aussi! Vous parliez des devoirs d'un
souverain, de la nécessité de prêcher d'exemple : pourquoi voulez-vous qu'on vous soit fidèle, si vous-même
êtes infidèles à vos glorieuses traditions?... Vous ne m'entendez pas et persistez en vos desseins... Du moins écou-
terez-vous le père de Marie... Ayez pitié d'elle, Arthur,
ayez pitié de moi! Je suis père : il est bien juste que je
songe au bonheur de mon enfant... Elle ne serait pas
heureuse avec vous, Arthur... Avec vous, simple baron et
son égal, peut-être; avec le duc de Bretagne, jamais... Sa
position, toujours fausse, lui pèserait comme un remords...
Objet d'envie pour mille rivales; en butte à tous les traits
de l'ambition, presque toujours séparée de vous par les
événements, cause peut 'tre de votre abaissement et de
votre ruine, elle périrait avant l'âge ou languirait dans un
honteux abandon... Il y va du bonheur de ma fille...
Vous l'aimez... Quel avenir vous lui préparez, Arthur!

ARTHUR

Mais celui que vous-même...

DES ROCHES

Oh! c'est bien différent. Je ne vous propose pas une

femme sans nom; je vous propose la fille du roi d'Angleterre.

ARTHUR, priant.

Des Roches!

DES ROCHES

Jean vous redoute pour allié, mais il vous accepte pour gendre...

ARTHUR, même jeu.

Mon vieil ami!

DES ROCHES

Il pourra compter sur votre épée.

ARTHUR, blessé.

Vous oubliez mes serments envers la France.

DES ROCHES

Philippe vous a trahi.

ARTHUR

Jean me trahirait.

DES ROCHES

Il est plus faible; nous en aurons meilleur marché.

ARTHUR

Le devoir, peu vous importe; l'intérêt, c'est autre chose.

DES ROCHES

Jean ou Philippe, il faut choisir.

ARTHUR

Le duc de Bretagne, Messire, lui seul! Dieu n'attend pas que leurs cheveux soient blanchis pour donner aux fils des princes la noblesse de leurs ancêtres. S'il ne s'agit que de l'honneur, le duc Arthur est votre égal; s'il s'agit de l'autorité, le ciel l'a fait votre maître. Or donc voici notre volonté souveraine : nous avons donné notre foi à Philippe; nous la lui garderons.

DES ROCHES, éclatant.

A Philippe, l'éternel ennemi de votre race, qui armait Richard et Geoffroy contre leur père, plus tard Jean contre Richard et aujourd'hui vous-même contre votre oncle; — à Philippe, qui menace non seulement le duc de Bretagne, mais tous les barons de la chrétienté : despote aveugle autant que superbe qui, pour assurer ses pilleries continuelles, s'appuie sur le plus vil populaire; — à Philippe, ce chrétien relaps et scandaleux qui prêche au monde entier l'adultère, la débauche et la révolte!... Faites cela, Monseigneur, et ce ne seront pas vos barons

seulement qui vous renieront, mais tous les chrétiens de
votre duché.

ARTHUR

Ces scrupules vous viennent un peu tard. Que ne par-
liez-vous ainsi en Bretagne?

DES ROCHES

Jean ne s'était pas déclaré.

ARTHUR

C'est là votre dernier mot... à la bonne heure! Pas de
vains subterfuges, Messire.. Philippe, dites-vous, est
l'ennemi de ma race : singulier moyen de me le concilier
que de le trahir à mon tour. Il favorise les menées du
populaire : étrange façon de rétablir le bon ordre que de
faillir à mes serments! Il est hérétique : mais êtes-vous
donc le pape? L'hérésie ne peut être dans le service qu'il
m'a rendu. Il est mon parrain, mon suzerain, je lui serai
fidèle.

DES ROCHES

Nous combattrons donc pour vous contre vous... Adieu,
Monseigneur!

ARTHUR

C'est-à-dire que vous nous déniez l'obéissance. Au
revoir, sire chevalier!

DES ROCHES, il va pour sortir, mais revient sur ses pas.

Monseigneur! Arthur! Je ne vous quitterai pas ainsi...
Ce n'est pas ma faute, à moi, si nous ne pouvons nous
entendre... Vous allez à votre perte; je veux vous en
empêcher et vous me traitez de rebelle.

ARTHUR

Trêve de remontrances, sire chevalier!

DES ROCHES

Pardon, Monseigneur! Je vous irrite... C'est bien malgré
moi... Je ne sais comment m'y prendre... Voyons, Monseigneur, est-ce que vous ne croyez plus à ma bonne foi?
Est-ce que le vieux Des Roches, l'ami de votre père,
votre ami, Arthur! avec tous ses défauts, son ton rude, sa
parole brusque, ses préjugés invétérés si vous voulez, ne
vous a pas toujours fait preuve d'affection et de dévouement?

ARTHUR

C'est bien pour cela, cruel, que notre séparation m'est
si douloureuse... Me quitterez-vous donc?

DES ROCHES

Cela dépend de vous, Monseigneur.

ARTHUR

De moi!

DES ROCHES

De vous. Mais quoi? Vais-je recommencer? Heureusement voici ma fille.

SCÈNE VII

LES MÊMES, MARIE

MARIE

Mon père, vous ne me rappeliez pas; j'ai pensé que
vous m'aviez oubliée... et me voici. Allons, dites-moi votre
grand secret... Que je partage votre joie... Mais quoi! cet
air contraint et glacé, ce silence : c'est là votre joie? Elle
est singulière. (A part.) Je suis toute tremblante.

DES ROCHES

Tu viens à propos, ma fille, pour nous juger, sinon pour
nous accorder.

ARTHUR, bas à Des Roches.

Que faites-vous, Des Roches?

DES ROCHES, bas à Arthur.

Pour l'honneur et le repos de mon enfant, silence,
Monseigneur! (Haut.) Croirais-tu, Marie, que M⁹ʳ Arthur
se sépare de ses barons et de moi, parce que nous voulons l'empêcher de commettre une grande faute, une
mésalliance, rien que cela...

MARIE, interdite.

Mon père, je ne suis pas juge.

DES ROCHES

Tu es au contraire le juge qu'il me faut. Oui, Marie,
ton bon frère Arthur, qui pourrait épouser, à l'heure
même, une princesse de sang royal et par ce mariage
pacifier la Bretagne, la France et l'Angleterre, Arthur,
qui s'est énamouré de je ne sais quelle petite fille, repousse
obstinément toutes nos offres.

ARTHUR

Arrêtez, Des Roches, ou je vous laisse le champ libre.
(Il va pour sortir.)

DES ROCHES

Vous le pouvez, Monseigneur; mais qui déserte la
partie prouve qu'il a eu tort ou qu'il fait bien peu de cas
de ses juges.

ARTHUR

Je reste donc, mais pour vous forcer à respecter ce qui mérite respect. Hélas! je puis bien peu de chose, au milieu des grands intérêts qui s'agitent; mais Dieu sait si la conscience est mon guide.

MARIE, vivement.

Je n'en doute pas, Monseigneur.

DES ROCHES

Ah! tu lui donnes raison... Allons donc jusqu'au bout. La noble épouse qu'il rejette, c'est la fille même du roi Jean, Alvisia de Glocester... Celle qu'il lui préfère...

MARIE

Mon père... Je respecte le secret du prince...

DES ROCHES

Soit! mais alors, donne-nous ton avis. (Bas à Marie.) Marie, je le veux! Il y va du salut du prince.

MARIE, tremblante.

Vous avez raison, mon père... Vous devez avoir raison... Vous aimez tant le duc Arthur... Une mésalliance... quand il s'agit des destinées d'une nation... Ce serait plus qu'une erreur... plus qu'une faute... ce serait un crime...

ARTHUR, avec exaltation.

Vous l'avez voulu, Des Roches! Que Marie soit notre juge! (A Marie.) Vous me condamnez, Marie... Mais les paroles que vous prononcez, votre pensée les désavoue, votre cœur plus encore. Je le vois bien à votre émotion, à vos larmes... Soyez forte, soyez sincère, Marie! Il y va de mes intérêts les plus chers, ô ma sœur! C'est mon arrêt que vous allez prononcer. Ne me réduisez pas au désespoir.

DES ROCHES

En effet, ma fille, à quoi bon dissimuler? Ta pensée n'est-elle pas assez claire? Aie donc courage! Affiche bien haut ton déshonneur et celui de ton père.

MARIE, tombant à ses genoux.

Mon père!

ARTHUR

Ayez pitié d'elle et de moi, Des Roches!

DES ROCHES

Avez-vous eu pitié de nous, Monseigneur?

MARIE, sanglotant.

Mon père, vous l'avez voulu, j'obéirai. Mon émotion,

mes larmes, je n'en puis taire la cause... J'aime... Je suis coupable... J'ai rêvé un amour impossible, un grand crime... une mésalliance...

ARTHUR

Marie!

DES ROCHES

Nomme-le donc, ton complice.

MARIE

Hélas!... Louis de France.

ARTHUR

O ciel!

DES ROCHES

(A part.) Noble enfant! Pauvre victime!... Achevons. (Haut.) Vous le voyez, Arthur, si j'ai raison d'aimer les Français!... Et vous, leur serez-vous toujours fidèle?

ARTHUR

Il le faut, Des Roches.

DES ROCHES

Adieu donc, Monseigneur! Marie, mon enfant, dis adieu à ton frère.

ARTHUR

Adieu, Marie, pour jamais!

MARIE, d'une voix déchirante.

Pour jamais! (Son père l'entraîne.)

FIN DU DEUXIEME ACTE

ACTE III

POITIERS

Le théâtre représente l'intérieur d'une forteresse. — Au premier plan une grande salle ; — à droite l'appartement d'Arthur.

SCÈNE PREMIÈRE

LE MAIRE ET LES ÉCHEVINS DE LA COMMUNE DE POITIERS, HUBERT DE DINAN, ÉCUYER D'ARTHUR, CHEVALIERS, HOMMES D'ARMES.

LE MAIRE

Sire écuyer, annoncez au prince les membres de la Commune.

HUBERT

Le prince ne peut recevoir personne.

7

LE MAIRE

Mais il nous recevra, nous, les membres de la Commune...

HUBERT

Pardon, Messire! Mais fussiez-vous autant de têtes couronnées... Voilà cinq jours et ci.. nuits que Monseigneur est sur pied. Depuis une heure seulement il repose, et j'irais troubler son sommeil!

LE MAIRE

Dormir en plein jour, quand notre ville assiégée, pillée...

HUBERT

On n'en a pas besoin, Messire, quand on passe ses nuits grasses dans un bon lit, bien douillet et bien chaud.

LE MAIRE

(A part.) L'insolent! (Haut.) Sire écuyer, je vous le réitère, annoncez à votre maître les membres de la Commune.

HUBERT

Par l'âme de mon père, je n'en ferai rien.

LE MAIRE

Eh bien! nous nous annoncerons nous-mêmes.

HUBERT

On ne passe pas, Messire.

ARTHUR, paraissant.

Pourquoi ce bruit? Les membres de la Commune de Poitiers... Soyez les bienvenus, Messires!

LE MAIRE et les echevins, s'inclinant.

Salut à vous, Monseigneur!

ARTHUR

Il fallait nous prévenir, Hubert. Faites asseoir!

LE MAIRE, se rengorgeant.

C'est ce que je lui disais.

HUBERT, murmurant.

C'est trop de bonté pour des indignes. (Il donne des sièges et se retire.)

SCÈNE II

ARTHUR, LE MAIRE, LES ÉCHEVINS

ARTHUR

Vous avez voulu me parler, Messires ; moi-même j'étais désireux de vous voir. Vous nous avez promis de l'argent et des vivres : pouvez-vous nous les fournir?

LE MAIRE, avec embarras.

Vous ne doutez pas, Monseigneur, de notre dévouement.

ARTHUR

Aussi, est-ce bien simplement que je vous en demande une nouvelle preuve. Cet argent, ces vivres sont-ils prêts?

LE MAIRE

Certainement, Monseigneur, nous ne demandons pas mieux que de vous être agréables... Mais l'argent est si rare !

PREMIER ÉCHEVIN

Et nos approvisionnements ne sont pas à nous.

DEUXIÈME ÉCHEVIN

Ils sont à la Commune.

TROISIÈME ÉCHEVIN

Nous craignons le populaire...

QUATRIÈME ÉCHEVIN

La famine...

CINQUIÈME ÉCHEVIN

Et nous avons fait déjà tant de sacrifices...

ARTHUR, avec dignité.

Des sacrifices? Nous en avons tous fait, Messires : soit
dit sans reproche. Il s'agit de n'en pas perdre le fruit...
Voyons! l'argent, les vivres, les donnez-vous?

LE MAIRE

N'y aurait-il donc pas, Monseigneur, quelque moyen de
prévenir ces dépenses et d'empêcher de grands malheurs?

ARTHUR

Quels moyens?

LE MAIRE

Pour vous, il serait difficile d'en trouver, engagé comme

vous l'êtes dans cette lutte... Mais nous, membres d'une Commune indépendante, ne pourrions-nous pas servir d'intermédiaires...

ARTHUR

Entre l'ennemi et nous, n'est-il pas vrai, Messire? J'aurais dû plus tôt vous comprendre. Tant que vous nous avez crus les plus forts, c'est à notre garde que vous avez confié vos franchises. Mais aujourd'hui que la guerre est sérieusement engagée, qu'il faut y payer nécessairement de son or ou de sa personne, vous réfléchissez, vous hésitez, vous reculez.

LE MAIRE

C'est chose toute naturelle et toute simple. Jean n'a-t-il pas de grandes chances?

PREMIER ÉCHEVIN

Avant tout, il faut songer à sa conservation.

ARTHUR

Arrêtez, Messires, ou prenez de vous meilleur souci. ... N'êtes-vous donc plus une de ces jeunes sociétés, franches et libres, mais généreuses aussi, qui s'appellent Communes? Ce mot, qui soulève parmi nos barons tant de répugnances, je l'accepte pour ma part; mais j'en veux la réalisation fidèle... Oui, la Comn une est aujourd'hui plus qu'un fait; elle atteste un besoin, elle reconnaît un droit. Les fautes de nos barons, vos griefs, votre industrie et, pourquoi ne pas le dire? vos mérites, vous ont fait ce que vous êtes; vous avez maintenant votre place au soleil; vous êtes, vous deviez être une puissance. Toutefois, prenez garde! Ce qui nous affaiblit pourrait un jour vous perdre. Ce serait une pensée trop inquiète, trop soupçonneuse, trop jalouse, un amour exagéré de vous-mêmes... Vous voulez la paix; mais êtes-vous donc ici les représentants du Poitou, de sa vaillante noblesse, de son intrépide populaire? Tout au plus me représentez-vous quelques hommes et quelques intérêts, beaucoup trop entiers et exigeants. C'est, du reste, ce qu'il faut voir... Hubert! (Hubert paraît.) Mandez ceux des chevaliers poitevins ici présents et rassemblez le plus que vous pourrez du populaire.

LE MAIRE

Que faites-vous, Monseigneur! Nous n'émettions qu'un simple avis et pouvons vous assurer de notre profond respect.

PREMIER ÉCHEVIN

De notre franche obéissance.

DEUXIÈME ÉCHEVIN

De notre loyal concours.

TROISIÈME ÉCHEVIN

De notre plein et entier dévouement.

ARTHUR

Il convient de nous éclairer mutuellement. (Aux chevaliers survenus.) Nous vous avons fait appeler, Messeigneurs, pour avoir votre avis en l'occurrence. La commune de Poitiers nous invite à faire la paix ; serait-ce votre sentiment ?

PREMIER CHEVALIER

La paix avec le ravisseur de la comtesse de la Marche !

DEUXIÈME CHEVALIER

Avec un misérable déféré à la Cour des pairs !

TROISIÈME CHEVALIER

La paix, à la veille d'une victoire ! Poitiers peut tenir un an, Jean n'a sous ses ordres que des mercenaires, et déjà les Français sont maîtres de Tours.

AUTRES CHEVALIERS

La guerre ! la guerre !

ARTHUR, à la Commune.

Vous l'entendez. Et maintenant interrogeons le populaire, car il a sa voix aussi. Venez, messires ! (Au peuple rassemblé.) Mes amis, la paix est possible : vos magistrats vous l'assurent... Une paix honorable... La voulez-vous ?

LE PEUPLE

La guerre! la guerre!

ARTHUR

Eh bien, Messires, êtes-vous convaincus et nous refuserez-vous encore les aides nécessaires?

LE MAIRE, prenant congé.

Vous allez être obéi, Monseigneur. Croyez que l'intérêt
public seul... (A part.) Nous attendrons les Anglais.

ARTHUR

Au revoir, Messires!

SCÈNE III

LES MÊMES, MOINS LA COMMUNE

LES CHEVALIERS, riant.

Ah! ah!

PREMIER CHEVALIER

Les vilains! les couards!

DEUXIÈME CHEVALIER

Nous attendrons longtemps leur argent et leurs vivres.

TROISIÈME CHEVALIER

Heureusement que, si besoin est, nous savons où les prendre.

ARTHUR

Point d'injures, Messeigneurs! Des gens habitués à se voir mépriser et fouler peuvent devenir défiants... Surtout point de violences! Elles déshonoreraient notre cause... (Allant à une fenêtre qui donne sur la campagne.) Mais quoi? Pas de nouvelles du vicomte de Léon! Mon espoir, son courage seraient-ils trompés, et la sortie malheureuse? Vicomte de Thouars, volez sur ses traces, afin d'assurer sa retraite. Vous, sire de Lusignan, à la porte d'Anjou, et faites préparer au plus vite l'huile, la poix, le sable et les fascines. Vous, cependant, comte de la Marche, répandez-vous par la ville avec vos hommes, afin d'encourager le populaire et de brider, s'il le faut, le mauvais vouloir des communes. Je reste ici pour recevoir les Français.

HUBERT

Monseigneur! de la porte de Tours on signale des cavaliers.

ARTHUR

Ah! les Français, enfin! Philippe a tenu sa parole... Ils sont nombreux, sans doute?

HUBERT

Peu nombreux, Monseigneur!

ARTHUR

Ce n'est qu'une avant-garde. Vive Dieu! avec de tels auxiliaires l'affaire des Anglais sera bonne.

SCÈNE IV

LES MÊMES, LOUIS DE FRANCE, CHEVALIERS FRANÇAIS

LOUIS, se jetant dans les bras d'Arthur.

Arthur!

ARTHUR

Monseigneur!

LOUIS

Dites donc votre ami, votre frère... Vous ne nous attendiez plus, n'est-ce pas?

ARTHUR

Je devais espérer; j'avais votre parole.

LOUIS

Merci, Arthur! Hélas!

ARTHUR

Quoi donc?

LOUIS

Faites que nous soyons seuls.

ARTHUR, à ses barons.

Messeigneurs, vous avez nos ordres. Hubert, à vous le soin de ces braves chevaliers. (Tous s'inclinent et sortent.)

SCÈNE V

LOUIS, ARTHUR

ARTHUR

Nous sommes seuls, Monseigneur.

LOUIS

Mauvaises nouvelles, Arthur! Ni hommes ni argent.

ARTHUR

Que prétend donc votre père? Il m'abandonne pour se liguer avec Jean; puis, après que celui-ci, par le rapt de la comtesse de la Marche, a mis le comble à ses crimes, il me rappelle, me confirmant toutes ses promesses. Et voici qu'il n'en tient aucune.

LOUIS, avec embarras.

Mon père dit vous avoir donné des subsides et deux cents chevaliers.

ARTHUR

C'était assez pour les escarmouches; mais pour une guerre à outrance...

LOUIS

Le roi le reconnaît, mais déclare n'y pouvoir plus rien. Voici ses propres paroles : J'aime Arthur comme un fils et désire vivement son bonheur; mais son entreprise est vaine et je ne puis y sacrifier davantage mon temps, mon argent et mes hommes. J'espérais qu'il se rendrait à l'évidence; je voulais aussi ménager l'orgueil des provinces... J'ai hasardé quelques avis; ils les ont rejetés de bien haut : c'est leur malheur et non ma faute. Que prétendent-ils, encore une fois, avec leur union des provinces et de la Bretagne? Tenir en échec la France et l'Angleterre? Il est trop tard! La France et l'Angleterre sont aujourd'hui trop fortes. A elles deux le terrain, parce qu'entre elles deux est la vraie lutte! Le reste n'est que passager et illusoire.

ARTHUR

C'est le domaine qu'il s'arroge! De quel droit?

LOUIS

Du droit de la conquête. Les provinces que vous ne pouvez défendre contre Jean deviennent de bonne prise : le roi les lui prendra... Du droit aussi d'une sage prévoyance. L'intérêt de la France ne permet pas que l'ennemi reste plus longtemps à ses portes; il demande, il exige que l'Anglais soit refoulé dans son île.

ARTHUR

Cela peut être d'une savante politique; mais je n'y vois qu'injustice.

LOUIS

Vous oubliez, Arthur, que vous parlez de mon père.

ARTHUR

Et qui donc êtes-vous pour moi, vous, Monseigneur, qui m'apportez de telles paroles?

LOUIS

Le fils du roi de France d'abord et qui n'a rien à désavouer de son père. Parce que vous vous êtes fait une idée généreuse, mais fausse, de vos devoirs, vous nous accu-

serez d'injustice. Vous défendrez des intérêts étrangers à
la Bretagne et le roi de France ne pourra pas défendre les
intérêts de la France?

ARTHUR

Je défends un intérêt plus auguste, la liberté.

LOUIS

La liberté! Qui donc la menace? Les barons par leur
anarchie ou les rois qui la veulent pour tous?

ARTHUR

Quelles garanties en donneront-ils, eux qui foulent aux
pieds nos lois?

LOUIS

Leur intérêt, sinon leur devoir. Arbitres entre les barons
et le peuple, ils ne gardent l'autorité qu'à force de pru-
dence et de justice.

ARTHUR

Quelle dérision! quelle sécheresse!... Mais j'aurais dû
m'y attendre... Qui prend un cœur peut prendre une pro-
vince.

LOUIS

Arthur, je ne vous comprends plus.

ARTHUR

Dites donc que vous n'avez pas abusé de mon amitié, de mon hospitalité pour tromper une innocente jeune fille.

LOUIS

Un pareil langage !

ARTHUR

Vous n'aimez plus la fille du chevalier Des Roches ?

LOUIS

Non, vraiment.

ARTHUR

Et vous vous êtes fait aimer d'elle !

LOUIS

Ni aimant ni aimé, je le jure. Voilà donc la cause de vos froideurs !

ARTHUR

Vos preuves !

LOUIS

Des preuves, à moi ! N'ayant pu vous obtenir des secours de mon père, je viens, Arthur, vous offrir ma bourse et mon épée ; et vous doutez de ma foi, vous me demandez des preuves.

ARTHUR

Ce n'est pas lui! (Haut, avec émotion.) Pardon, mon ami! Je
suis si malheureux, si éprouvé... Mais en ce moment je
me sens bien dédommagé, bien heureux... (Louis le regarde
avec étonnement.) Oui, il m'était si pénible de croire qu'un ami
tel que vous, un chevalier de votre nom, de votre caractère, se fût rendu si coupable...

LOUIS

Mais cette accusation...

ARTHUR

Oh! rien... De faux bruits que mon attachement... à un
vieux serviteur m'avait fait accueillir aveuglément... Et
puis la déception, l'amertume. Encore une fois pardon,
Louis!

LOUIS, lui serrant la main.

Grâce à Dieu, je sens l'honneur de ma naissance; je n'y
faillirai pas. Le voudrais-je, que le Ciel a pris soin de m'en
empêcher. J'aime, Arthur, mais une femme digne d'un
fils de France. Elle est noble comme elle est pure et belle;
elle a couronne royale comme elle aura couronne céleste :
la majesté d'une souveraine, l'humilité d'une vierge : l'or
au bout des doigts, les vrais trésors dans l'âme; femme
forte, aimable jouvencelle; blanche de cœur comme de
nom, c'est l'infante de Castille.

8

ARTHUR

Oh! cachons bien notre secret!

LOUIS

C'est là mon plus doux rêve; ce n'est pas le seul. Arthur,
mon ami, mon frère, si vous saviez quels projets j'ai formés
pour vous! J'ai une sœur de votre âge... Vous connaissez
la noble enfant... Elle n'est pas sans estimer le duc de
Bretagne... Mon père veu* votre bonheur... Arthur, restez
aujourd'hui notre ami... Demain, peut-être, vous serez
tout à fait mon frère.

ARTHUR

C'est trop d'honneur, Louis, et j'en suis indigne... Mais
l'eussé-je mérité qu'à l'instant je refuserais. Ma foi est
engagée... Des provinces entières se sont confiées à mon
honneur; mon honneur est leur sauve-garde. Vous, Louis,
vous êtes libre! Suivez votre voie... De loin comme de près
je serai toujours votre ami.

LOUIS

Et mon ami me fait injure. Entre nous, n'est-ce pas à la
vie à la mort?

ARTHUR

Mon ami, mon frère! Ce n'est pas pour moi que je
parle.

LOUIS

Je ne le sais que trop. Mais, mon noble ami, dans l'intérêt même de vos alliés, ne pourriez-vous honorablement prendre un autre parti? Que produira votre résistance? Des désastres sans aucun profit. Aujourd'hui sujets de l'Angleterre, demain vassaux de la France, vous serez toujours victimes. Restez en votre bon duché de Bretagne; ne servez les provinces que par votre médiation pacifique... Et le roi de France, une fois vainqueur de l'Anglais, se relâchera de sa rigueur... Il n'est pas l'ennemi des communes; il étendra les privilèges des provinces; et cette liberté, plus sûre qu'aucune autre, la liberté à l'abri du trône, ce sera votre ouvr   e et votre gloire, Arthur.

ARTHUR, en soupirant.

Ah! si vous étiez roi de France!... Mais vous régnerez un jour et mes efforts ne seront pas perdus.

LOUIS

Roi de France, je ne verrais que la France. Simple chevalier, vous avez ma foi. Donnez-moi donc le poste d'honneur, le plus périlleux.

ARTHUR

A mes côtés, mon frère, nous ne nous séparons pas.

SCÈNE VI

LES MÊMES, HUBERT

HUBERT

Des étrangers vous demandent audience, Monseigneur.

ARTHUR

Leurs noms !

HUBERT

Ils viennent visière levée et prétendent ne se découvrir que devant vous.

ARTHUR

Je n'ai rien de caché pour mon frère. Qu'ils entrent ! (Hubert sort.) Pas encore de nouvelles du vicomte... Je suis d'une inquiétude mortelle.

SCÈNE VII

LES MÊMES, DES ROCHES, CHEVALIERS ANGLAIS

ARTHUR, avec étonnement.

Le chevalier Des Roches!

DES ROCHES

Lui-même, qui a un instant quitté l'armée anglaise pour venir vous saluer, Monseigneur!

ARTHUR

Merci et salut, sire chevalier! Mais qu'est-ce à dire?

DES ROCHES

Que lorsque vos amis de France vous abandonnent, vos ennemis d'Angleterre sont toujours là pour vous aider.

ARTHUR

Mesurez vos termes, Messire. (S'appuyant sur Louis de France qui s'est avancé.) Nos amis de France ne nous trahissent pas, comme vous voyez.

DES ROCHES, s'inclinant et visiblement embarrassé.

Pardon, Monseigneur ! j'honore d'autant plus la loyauté
et le courage... qu'ils sont aujourd'hui plus rares.

ARTHUR, qui a paru jouir de son embarras.

Eh bien, sire chevalier, mon vieil ami, car je ne vous
ai pas oublié non plus, dites-nous donc le but de cette
visite.

DES ROCHES, reprenant avec énergie.

Monseigneur, je vous apporte la paix.

ARTHUR

Et si je n'en veux pas ?

DES ROCHES

Il faudra bien vous l'imposer.

ARTHUR, gaiement.

Quel'e arrogance! Savez-vous, sire chevalier, que d'un
mot nous pourrions vous faire saisir et arrêter comme un
intrus et un parjure.

DES ROCHES

Vous ne le pourriez pas, Monseigneur. Nous avons un
sauf-conduit. (Il présente ce sauf-conduit.)

ARTHUR, lisant.

De la Commune! Les misérables! (A Des Roches.) C'est
bien. Parlez donc!

DES ROCHES

De la part du roi Jean nous venons, Monseigneur, vous
proposer la paix. En voici les termes. Vous évacuerez
Poitiers avec les honneurs de la guerre. Mais comme cet
événement change notre situation respective, pour épargner le sang de part et d'autre et fixer enfin les droits de
chacun, un armistice sera conclu ; cependant les États des
provinces seront appelés et choisiront librement leur souverain. D'avance le roi Jean ratifie ce choix ; vous en
ferez autant, Monseigneur ; et par ainsi il n'y aura plus
entre nous ni sujet ni prétexte de guerre.

ARTHUR

Et c'est vous, Des Roches, qui m'apportez de telles
propositions?

DES ROCHES

Oui, moi ; et en cela je suis plus Breton qu'Anglais.
Acceptez, Monseigneur!

ARTHUR

Vous ne l'espérez pas.

DES ROCHES

Acceptez, ou vous êtes perdu.

ARTHUR

Vous oubliez que Poitiers peut tenir longtemps...

DES ROCHES

La Commune nous en ouvre les portes.

ARTHUR

Que les Français...

DES ROCHES

J'en vois le noble représentant, mais la valeur ne tient pas lieu du nombre.

ARTHUR

Que du moins le vicomte de Léon...

DES ROCHES

Notre malheureux ami... Tombé dans une embuscade d'où, hélas! il ne sortira pas... J'ai voulu, je n'ai pu le sauver.

ARTHUR

Lui, ô ciel! Mais non, c'est impossible... Dites-moi que cela n'est pas, que vous l'avez inventé pour me faire peur

et me décider à la paix... Louis, assurez-vous qu'il n'en est
rien, que ce chevalier, plus Anglais que Breton, nous en
impose...

LOUIS, remontant la scène.

Hélas ! il ne disait que trop vrai...

SCÈNE VIII

LES MÊMES, LE VICOMTE DE LÉON, porté sur un
brancard et blessé à mort.

ARTHUR, allant au-devant du convoi.

Henri ! se peut-il ?

LE VICOMTE DE LÉON, d'une voix défaillante.

Blessé à mort, Monseigneur, mais ayant encore assez
de force pour embrasser votre main... et implorer mon
pardon.

ARTHUR

Votre pardon ! Et que dirai-je, moi qui ai voulu cette
fatale sortie ? Mais vous vivrez, Henri, vous nous vengerez.

LE VICOMTE DE LÉON

L'illusion n'est plus possible... Je le sens, la mort est proche... Trahi par des espions, tombé dans un piège... et tous mes hommes, tous vos braves chevaliers avec moi... Et je reviens seul! Mais bientôt je vais les rejoindre... Monseigneur! écoutez la voix d'un mourant; ne tentez pas une résistance impossible... Pour le salut de la Bretagne et de tout votre baronnage, rendez-vous!

ARTHUR

Oh! non, non... qu'il vienne ce Jean, cet assassin.

LE VICOMTE DE LÉON

Monseigneur! Arthur! Vous le savez, si j'avais souci de votre honneur... Mais maintenant il faut céder. Ils sont nombreux... Ne leur donnez pas de prétexte... Craignez leur férocité... Jean les commande... (Dans le délire.) Les voyez-vous! Ils accourent, ils me passent sur le corps... Ah! ils m'écrasent! Et ils vous menacent, ils vous atteignent... Arthur, Arthur! Pitié pour toi! Pitié pour la Bretagne!... (D'une voix plus sourde.) Arthur! A toi mon amour! Et mon âme... à Dieu! (Il expire.)

ARTHUR

Mon ami d'enfance, mon premier frère d'armes, mon plus fidèle appui!

LE VICOMTE DE CHATEAUBRIAND

Oh! ne le pleurons pas, vengeons-le!

ARTHUR

Chateaubriand, Porhouet, vous tous, mes amis! ne l'a-vez-vous pas entendu? Vouloir le venger maintenant, c'est vous exposer, c'est vous perdre... Oh! c'est assez, c'est trop d'un si cruel malheur... L'honneur des provinces est sauvé, mon intérêt seul en péril... Je cède. (S'avançant vers le cadavre.) Adieu, mon noble ami, adieu! A toi et à tes glorieux compagnons la palme du martyre! A nous jusqu'au regret de ne pouvoir te venger. Tu le veux : nous t'obéirons. L'épée des braves s'abaissera devant la victoire des lâches. Nous passerons, sans leur cracher au visage, devant tes infâmes assassins; ils parleront de paix et nous ferons la paix. Peut-être même viendront-ils pour nous toucher la main, nous souiller de leurs baisers de Judas... Oh! Henri! Henri! contenir ma colère dans une honte pareille, c'est la meilleure preuve de respect et d'amour que je puisse encore te donner. (On emporte le cadavre.)

SCÈNE IX

LES MÊMES, LE COMTE DE LA MARCHE

LE COMTE

Monseigneur, je ne suis plus maître de mes hommes.
La Commune leur refuse l'argent et les vivres ; ils les veulent emporter d'assaut.

ARTHUR

Il faut les contenir. Laissons à la Commune l'odieux de
sa conduite... Chevalier Des Roches, vous l'emportez. Nous
signons l'armistice et vous cédons la place.

SCÈNE X

LES MÊMES, JEAN, BARONS ANGLAIS, SOLDATS

JEAN

Pas ainsi sans prendre congé.

ARTHUR, à ses barons.

En avant, chevaliers!

JEAN, les enveloppant avec ses troupes.

Arriere!

LOUIS, s'avançant.

Prince, la foi jurée a des témoins.

JEAN

Seigneur duc, vous êtes libre.

LOUIS

Je ne quitte pas le duc de Bretagne.

ARTHUR

Louis, vous êtes étranger à cette lutte.

LOUIS

Ensemble il ne peut nous atteindre.

ARTHUR

Il nous séparera. Restez libre pour nous sauver.

LOUIS, à Arthur.

Vous le voulez, Arthur : soit! (A Jean.) Vous l'avez dit,
Monseigneur, Louis de France est libre, mais de par son
droit et son épée. Adieu donc ! mais avant de nous quitter,
retenez bien ceci : que le duc de Bretagne soit libre et
que l'armistice conclu devant nous reçoive son exécution,
ou, j'en atteste le ciel et tous les nobles seigneurs qui
m'entendent, vous en rendrez compte devant vos pairs.

JEAN

Restez donc pour nous servir de témoin ! (Se tournant vers
Arthur.) Duc de Bretagne, nous rendez-vous de bonne grâce
les provinces que vous avez traîtreusement usurpées ?

ARTHUR

Je maintiens mes droits.

JEAN

Songez qu'il y va de la liberté.

ARTHUR

Mieux vaut l'honneur.

JEAN

De la perte de vos États...

ARTHUR

Otez-moi donc l'amour de mes sujets!

JEAN

De la vie.

ARTHUR

J'aurais le ciel.

JEAN, à Louis.

Vous l'avez entendu. (A ses soldats.) Soldats, emmenez-le.

LOUIS

J'ai vu, j'ai entendu la convention que vous violez scan-
daleusement. Je vous ajourne par devant la Cour des
pairs.

JEAN

N...s vous avons octroyé plus que le droit; nous craignons peu l'effet de vos menaces.

LOUIS, à Arthur.

Courage, Arthur! à bientôt!

ARTHUR

Adieu, Louis!

DES ROCHES, arrêtant celui-ci.

Un instant, Monseigneur! A mon tour maintenant. (A Jean.) Sire, pardon! Mais il y a ici une méprise. L'armistice était conclu en effet.

JEAN

Que m'importe l'armistice?

DES ROCHES

Mais il nous importe à nous, afin de ne pas passer aux yeux des peuples pour des messagers d'infamie.

JEAN, aux soldats.

Mettez la main sur celui-là aussi et sur ses scrupuleux collègues.

LOUIS

Ni remords ni pudeur. Guerre à toi, prince déloyal!

JEAN

Paix à vous, mon jeune seigneur!... (Aux soldats.) Reconduisez Monseigneur Louis de France... (A part.) Ah! si tu n'étais pas le fils de ton père... Arthur de Bretagne à Falaise! (Il donne des ordres écrits.)... Des Roches et les autres... en notre bon château de Korf. (On les emmène successivement. Des

Roches va pour baiser la main d'Arthur; les gardes l'en empêchent.) — Par Satan, mon patron, la journée a été rude mais bonne. Il est bien temps de se donner un peu de repos et de plaisir.

SCÈNE XI

JEAN LE SÉNÉCHAL, puis MARIE

MARIE

Grâce! grâce! Monseigneur.

JEAN, au sénéchal.

Quelle est cette femme?

LE SÉNÉCHAL

Une dame de la suite de votre auguste mère, la fille du chevalier Des Roches.

JEAN

Elle est jolie... Nous l'entendrons après boire. Et maintenant, à l'Hôtel-de-Ville! C'est notre fidèle Commune de Poitiers qui nous héberge.

9

MARIE

Grâce, Monseigneur! ou je m'attache à vos pas.

JEAN

Elle y tient, à ce qu'il paraît... Mais c'est qu'elle est charmante... Sénéchal, faites dire à la Commune qu'elle attende... Et qu'on serve ici. (A Marie.) Voyons, ma belle enfant, que nous demandez-vous?

MARIE

Grâce pour mon père, Monseigneur! grâce!...

JEAN

Encore?

MARIE, intimidée.

... Pour ses compagnons d'infortune.

JEAN

Permettez, n'allons pas trop vite... Vous demandez la grâce de votre père, le chevalier Des Roches, si je ne me trompe.

MARIE

Lui, Monseigneur. (Pendant ce dialogue, une table somptueuse a été dressée; on y remarque deux couverts.)

JEAN

C'est déjà une grande affaire... Et il y en a d'autres!
La chose ne peut se traiter si lestement; et vous voudrez
bien prendre place à mes côtés... que nous en dissertions
tout à l'aise.

MARIE

Ma place n'est pas en un festin, quand mon malheureux
père...

JEAN

Vous ai-je refusé sa grâce? (Il la force de s'asseoir, mais ne peut la
décider à partager son repas; il boit et mange pour deux.) Vous l'aurez, sa
grâce... Mais vous devez le comprendre : il me faut des
garanties... Un félon qui, sous prétexte de me servir, fait
les affaires du duc de Bretagne.

MARIE

Sauver le duc de Bretagne, n'était-ce donc pas vous
servir ?

JEAN

Ah! vous pensez comme lui. Plus que jamais il me
faut des garanties.

MARIE

Que faut-il faire, Monseigneur?

JEAN

Mais... par exemple, vous donner en otage... Oh! rassurez-vous! Nous ne voulons que votre bien... Vous êtes
jeune et belle; à quoi servent beauté et jeunesse, s'il faut
les enterrer dans un manoir?

MARIE

J'appartiens à votre illustre mère.

JEAN

C'est quelque chose. Ce n'est pas assez. Dites, ma belle
enfant, à cette austère solitude où s'est confinée notre
mère, ne préférez-vous pas la cour avec » grandeurs,
ses trésors et ses plaisirs?

MARIE

Mon père et la Bretagne, Monseigneur.

JEAN, avec emportement.

C'est cela. Sans garanties, sans conditions... Au moins
écoutez-moi! (D'un ton plus doux.) Quelle vie je vous propose,
enfant, en échange d'une misérable existence! Quelles jour-
nées!! Le soleil est déjà bien haut sur l'horizon que, mol-
lement étendue sur votre couche, vous vous bercez encore
des rêves les plus doux. Vous paraissez et l'astre éblouis-

sant pâlit à l'éclat de vos atours. Vos beaux yeux cependant, légèrement voilés, votre calme pâleur et votre démarche incertaine attestent une aimable langueur. C'est la fleur humide et penchée sous les baisers de l'Aurore, quand le jour, de ses feux ne l'a pas encore échauffée. Mais voici que dans le cristal scintillant pétille un vin généreux. Le gâteau de pur froment, la bisque friande, la dragée parfumée vous offrent un premier repas... Et la belle plante se relève, la jeune fille enfin se réveille... Aussitôt le son joyeux du cor vous invite aux plaisirs de la chasse. Montée sur la fière haquenée, le faucon au poing, la gaîté dans les yeux, vous suivez de près le chasseur. Le faucon part et, tandis qu'il poursuit la palombe, sur le poing charmant qui le portait le fauconnier galant dépose furtivement un baiser... Vous rentrez : de plus nobles plaisirs vous attendent. La trompette a sonné, c'est l'heure des combats... Comment vous peindre ici le tournoi et son ivresse? Quelles angoisses, mais quels triomphes? Seriez-vous froide et immobile dans ces transports universels? Honneur à votre chevalier : à sa vaillance, à ses succès! A lui ce chaperon! Qu'importe que vos blonds cheveux flottent épars sur vos blanches épaules? A lui cette écharpe! Il n'en verra que mieux votre beau sein palpiter et bondir. A lui encore... Oh! que ne donnerait-on pas?... Cependant avec le jour ont fini les rudes labeurs. Il est temps de songer au repos; mais le repos, c'est encore la vie; la vie qui répare, inspire et met en joie. Sous de brillants portiques, aux feux étincelants des flambeaux, parmi les fins propos et les rires, une table splendide appelle et satisfait tous vos goûts, une musique suave vous verse des flots d'harmonie... Puis l'amour tient sa cour plénière et, par l'or-

gane de la beauté, vous explique ses tendres lois... Puis de
touchants récits vous dérobent de douces larmes... Accablée mais non rassasiée, cherchez-vous le frais de l'ombre :
la brise embaumée du soir vos apporte ses mille senteurs
et tous ses bruits mystérieux... Au parterre, dans la
feuillée, près du lac, sous l'acacia en fleurs, partout vous
recueillez de ravissants murmures. Et seule... ou plus heureuse... dans une extase partagée, vous laissez couler les
heures jusqu'au moment où l'astre du soir éclaire, d'un
rayon discret, le silence de l'amour et de la nuit.

MARIE

Les plaisirs purs sont les seuls vrais. Ma vie est plus
calme, mais j'en suis sûre, plus heureuse. Le matin, j'offre
mon cœur à Dieu ; le jour, je travaille, sous les yeux de
mon père ; le soir, je profite de l'ombre pour visiter les
pauvres et les malades ; et quand a fini la journée, je n'envie rien à vos plaisirs.

JEAN

Nos plaisirs n'empêchent pas les œuvres pies. Nos trésors
les favorisent. Ces temples magnifiques où vous venez prier,
ces Maisons-Dieu, refuges du malade, qui donc les élève ? La
foi un peu ; nos deniers plus encore... Qu'est-ce que votre
travail, pauvre enfant, et qu'ajoute-t-il à vos ressources ?
Parlez-moi de domaines immenses, de champs fertiles, de
gras pâturages et de ces terres fortunées qui recèlent l'argent ou l'or. Voyez nos vastes greniers plier sous le poids
de nos récoltes, comptez, si vous le pouvez, le nombre de
nos troupeaux ; admirez ces vaisseaux agiles qui des qua-

tre coins de l'univers nous apportent les vins les plus
exquis, les plus rares épices, les étoffes de velours et de
soie, la pourpre, les parfums, les pierres précieuses et,
mieux encore, les beaux livres de la science.

MARIE

J'aurais peur de tant de richesses. Quelle charité il faut
pour y suffire!

JEAN, à part.

Ni folle ni cupide. Serait-elle ambitieuse? (Haut.) Les
grandes âmes n'ont pas de ces frayeurs. Vous dédaignez
les richesses; n'en craignez pas l'usage. Vous êtes faite
pour voir de plus haut. Plus je vous écoute et plus je vous
admire. Si jeune et portant déjà sur le monde un regard
si assuré! C'est la marque d'une illustre destinée, jeune
fille!... Écoutez-moi. Si, avec ces plaisirs et ces richesses
que vous dédaignez, on vous offrait de plus justes hom-
mages... Si quelque prince aimé des cieux, capable de vous
comprendre, ravi de vous connaître, déposait à vos pieds
le rang suprême et les adorations de la foule...

MARIE

Dieu seul veut être adoré, Monseigneur. Puisse-t-il vous
toucher et me rendre mon père!

JEAN, à part.

Oh! tu ne saurais m'échapper. (Haut.) En vain vous me

désespérez, cruelle... Votre vue, vos discours et vos refus ont troublé ma raison... N'accusez que vous-même des hardiesses de mon amour. (Il veut lui prendre un baiser.)

MARIE, courant éperdue vers le balcon.

Arrêtez, Monseigneur!

JEAN, à part.

Un éclat dans ce moment, ce serait une imprudence. (Haut.) Où courez-vous, sauvage enfant? Je me lie les pieds et les mains pour vous complaire... Allons, allons! calmez-vous!... revenez!... Voyons! ne voulez-vous plus de cette grâce?...

MARIE, revenant.

O mon père! ô Arthur!

JEAN, à part.

Arthur, a-t-elle dit? Et avec la grâce de son père, elle en demandait une autre. Et elle louait Des Roches de l'avoir voulu sauver... Quelle sottise j'allais faire!... (Haut.) Je vous ai offensée, jeune fille : vous m'en voyez confus, repentant... Ne soyez pas inflexible! Les fatigues du jour, ce repas pris à la hâte, votre beauté surtout... Oh! pardon... Les princes sont sujets à bien des méprises. On cherche si souvent à les tromper!... L'erreur est cruelle, mais pour moi surtout, croyez-le... Hélas! Madame, pour mon malheur comme pour ma gloire, je suis de cette maison de Plantagenet que vous connaissez : *Ardente au bien, ardente au mal*... Aidez-moi, je vous en conjure, à réparer le mal que j'ai fait.

MARIE, à part.

Dit-il vrai? (Haut.) Grâce pour mon père, Monseigneur!

JEAN

Vous demandiez davantage.

MARIE

Pour ses compagnons d'infortune.

JEAN

Ne craignez pas d'abuser!

MARIE

Monseigneur, si j'osais, je vous répéterais une parole qui vous a déplu : sauver le duc de Bretagne, c'est servir le roi d'Angleterre.

JEAN

Et vous servirez l'un en sauvant tous les autres, noble fille! Je n'y mets qu'une condition.

MARIE

Monseigneur!

JEAN

Le duc de Bretagne, aveuglé, persiste, malgré ses revers, dans toutes ses prétentions. Il faut l'éclairer.

MARIE

Mon père mieux que moi...

JEAN

On résiste aux raisonnements de l'homme ; on cède à la candeur de la femme.

MARIE

Ordonnez, Monseigneur !

JEAN

Nous partons pour Falaise. Je vais presser le départ. (A part.) Il est temps ! (Il sort.)

MARIE

Mon Dieu ! s'il me trompe, confondez ses desseins.

FIN DU TROISIÈME ACTE

ACTE IV

FALAISE

Le théâtre représente l'intérieur de la citadelle. — Au premier plan les appartements du gouverneur. Grande salle donnant sur la citadelle. — Porte au fond; deux portes latérales, celle de gauche conduisant à une tourelle.

.

SCÈNE PREMIÈRE

GUILLAUME DE BRAUSSE

Le roi Jean me donne là une belle mission! Prend-il ses officiers pour des bourreaux? Tenir un pareil langage, peut-être une si horrible conduite envers ce jeune prince, le fils de mon ancien maître... Ah! si j'étais libre!... Mais il cédera, je l'espère. Le voici.

SCÈNE II

GUILLAUME, ARTHUR

ARTHUR

Quoi, c'est vous, Guillaume de Brausse?

GUILLAUME

Gouverneur de Falaise pour le roi Jean, oui, seigneur duc.

ARTHUR

Devais-je vous retrouver ainsi?

GUILLAUME

Pourquoi non? Écuyer de votre père, j'ai servi ensuite le roi Jean. Je n'avais qu'un simple fief de haubert; il m'a fait ce que je suis; je lui ai reconnaissance.

ARTHUR

Je ne vous en blâme pas, Guillaume . Ainsi vos affaires allant bien, vos projets se sont réalisés... Vous vous êtes marié; vous avez des enfants?

GUILLAUME

Oh! pour cela, oui. J'ai une femme digne d'un prince; et des enfants! de vrais lutins.

ARTHUR

Et vous êtes plus heureux qu'un prince, Guillaume. Hélas! vous avez vu mourir mon père; ma mère a dû se remarier; et je suis resté seul... Ah! que n'avais-je aussi qu'un simple fief de haubert!

GUILLAUME, à part.

Si je l'écoute, ses discours vont me toucher. Allons au fait! (Haut.) Or çà, seigneur duc, je ne suis plus pour vous que le gouverneur de Falaise... Et j'ai une mission à remplir, une mission terrible. De vous seul il dépend de l'adoucir.

ARTHUR

Parlez, mon ami.

GUILLAUME, a part.

Je voudrais m'irriter pour me donner du courage; je ne puis. (Haut.) Je ne sais pas de pire engeance que ceux-là qui font le mal en se donnant des airs de saint.

ARTHUR

Quel mal ai-je fait?

GUILLAUME

Vous avez renié votre sang, méconnu votre prince, armé
nos barons les uns contre les autres, attiré l'ennemi dans
nos foyers... Et vous demandez quel mal vous avez fait?

ARTHUR

Vous même, soyez juge, Guillaume. Si des opprimés se
mettaient sous votre garde, ne les aideriez-vous pas?

GUILLAUME

Oh! n'espérez pas me gagner par de flatteuses paroles.
Je ne vous écoute pas. Vous méritez cent fois la mort et si
le roi Jean vous épargne...

ARTHUR

Il est clément.

GUILLAUME

Vous voudriez peut-être qu'il vous laissât libre, libre de
recommencer cette guerre impie? N'y comptez pas! Moi,
tout le premier, je suis chargé d'y mettre ordre; et je le
ferai, soyez sûr.

ARTHUR

Faites votre devoir, Guillaume.

GUILLAUME

Il vous faut, à l'instant, renoncer à toutes vos prétentions.

ARTHUR

Assez, Messire!

GUILLAUME

Vous voyez bien que vous êtes un ambitieux, un superbe,
un barbare. Plutôt que de vous en dédire, vous mettrez
l'Angleterre à feu et à sang.

ARTHUR

Faites votre devoir sans m'insulter.

GUILLAUME

Savez-vous qu'il y va d'un châtiment terrible?

ARTHUR

La mort? Je suis prêt.

GUILLAUME

D'un châtiment plus cruel que la mort?

ARTHUR

Que peut-on davantage?

GUILLAUME

Prolonger, éterniser votre supplice ; vous ôter la lumière
en vous laissant la vie... vous brûler les yeux avec un fer
chaud.

ARTHUR, à part.

Malgré moi je frissonne. (Haut.) Jean lui-même a-t-il
ordonné ces horreurs? Vous ne les commettriez pas, vous,
Guillaume !

GUILLAUME

Sans les yeux de l'âme à quoi bon les yeux du corps?...
Si, vraiment, je le ferai

ARTHUR

Non, Guillaume. On ne traite pas ainsi un chevalier ; et
vous n'êtes pas un bourreau. Le soleil ne se lèverait pas
une fois qu'il ne vous reprochât votre crime. Ah! je crains
peu les tourments du corps. Mais vivre pour servir de jouet
aux méchants ; entendre, dans une cruelle inertie, le cri
de détresse de mes amis ; leur survivre, ou, chose plus
affreuse, me savoir méconnu, trahi, oublié par eux ; après
avoir causé leur malheur devenir l'occasion de leur crime :
sentir, à chaque instant, se renouveler ces tortures ; souffrir le désespoir sans la mort qui le termine, un tel supplice est au-dessus de mes forces. En souvenir de mon
père, Guillaume de Brausse, par pitié pour ma mère et
pour moi, la mort, plutôt la mort!

GUILLAUME

Renoncez donc à votre orgueil.

ARTHUR

Je ne demande que la mort; me refuserez-vous? Vous avez des enfants, Guillaume : quels tourments vous réservez à ma mère! Elle est à Rome, implorant le Pape; elle en rapportera des paroles de paix; le roi Jean se rendra à la fin; et quand la pauvre mère viendra pour embrasser son fils, elle ne trouvera plus qu'un tronc informe... Cela même ne peut vous toucher... Ah! vous avez le cœur plus dur que le fer qui doit me frapper... Faites donc! Ayez ce barbare courage! Le Seigneur me donnera la force... Mon Dieu, cette épreuve est horrible, et je sens combien je suis faible... Mais vous ne me laissez pas le choix... Que votre volonté s'accomplisse!

GUILLAUME

C'est vous qui êtes plus cruel que vos bourreaux, cœur dénaturé! Voilà un pauvre officier, père de famille, qui ne peut qu'exécuter les ordres qu'on lui donne; et vous le mettrez dans cette nécessité terrible de commettre des atrocités ou de se perdre... et avec lui tous les siens... une femme, des enfants chéris...

ARTHUR

Pauvre Guillaume! Je ne veux pas votre malheur. Vous

10

avez des ordres : obéissez! C'est votre devoir. Je ne vous
aimerai pas moins.

GUILLAUME

Oui, oui, j'obéirai... à ma conscience; c'est le premier
maître. Que dirait ma bonne petite femme si elle me
voyait couverte d'un tel sang! Et mes gentils enfants, ils
auraient peur de moi... Le roi Jean fera ce qu'il voudra...
Mais d'abord évitons sa colère... Je vais vous cacher là,
dans la tourelle et je dirai que vous êtes mort. Un prisonnier qui est bien mort, lui, passera pour votre bourreau...
Nous verrons ensuite... Dans ce moment je ne puis rien
décider; j'en suis incapable... Mais, voyons, partez donc!

ARTHUR

Non, Guillaume, je ne veux pas vous exposer.

GUILLAUME

Pour le coup, c'est trop fort. Il faudra vous faire violence pour vous sauver! Vous voulez donc ma mort, déci-
dément?... Ces ordres affreux, je ne les donnerai pas... Je
n'en parlais que pour vous faire peur... Or, les espions ne
manquent pas; ils vous verront avec vos deux yeux, me
dénonceront au roi Jean... Et alors vous serez content!
Vous aurez sacrifié un pauvre homme qui n'était pas votre
complice, détestait la révolte et ne demandait qu'à vivre
tranquille, craignant Dieu et le roi et ne faisant de tort à
personne.

ARTHUR

Nous vivrons tous les deux, Guillaume, Dieu m'en donne l'espoir, car il me rend un ami. Montrez-moi le chemin!

GUILLAUME

A la bonne heure! Par ici, montez l'escalier, et dans la petite chambre qui est au sommet de la tourelle, attendez-moi... Dieu vous sauve et me protège! (Arthur sort par la porte de gauche)... Il y a quelque chose qui me dit que je fais bien... C'est égal! Je ne suis pas tranquille. Qui vient?

SCÈNE III

GUILLAUME, JEAN

JEAN

Le prisonnier!

GUILLAUME

Monseigneur!

JEAN

Le prisonnier!

GUILLAUME

Monseigneur, j'ai exécuté vos ordres.

JEAN

Parleras-tu?

GUILLAUME

Il est mort.

JEAN

Misérable! Scélérat! Tu seras pendu, tes biens confisqués, ta femme et tes enfants réduits à la glèbe... Je t'ordonnais de le menacer, non de le mutiler, de le tuer.

GUILLAUME

Dieu soit loué! J'avais compris votre dessein, Monseigneur. Il vit, il voit le jour.

JEAN, à part.

Ah! (Haut.) Va-t'en d'abord recevoir la jeune fille qui vient derrière moi et puis amène le prisonnier sans lui rien dire. (Guillaume sort.) Et maintenant à nous deux, Monseigneur le roi d'Angleterre! Je n'ai pu vous arracher ni la couronne ni la vie; je vous arracherai l'honneur. Le mariage avec cette petite fille déjà vous rabaisse; je me charge de compléter votre honte; et si vous me faites le moindre obstacle, comme, en apparence, je n'ai plus d'intérêt à votre mort... je vous tuerai.

SCÈNE IV

JEAN, GUILLAUME, puis ARTHUR

GUILLAUME

Monseigneur, la demoiselle est en vos appartements
le prisonnier, là. (Montrant la porte d'entrée.)

JEAN

Qu'il entre! (A Arthur qui parait.) Eh bien, beau neveu, vous
ne m'attendiez pas sitôt. (A l'arrivée d'Arthur. Guillaume se retire.

ARTHUR

Je ne devais plus vous voir, Monseigneur.

JEAN

Vous faites allusion à des menaces sans effet, qui
n'eussent jamais reçu d'exécution.

ARTHUR

Je voudrais le croire, mais tout me prouve le contraire,
et après la journée de Poitiers...

JEAN

La journée de Poitiers! appellerez-vous de ce nom solennel une espèce de mystification où vous vous êtes laissé prendre au piège comme un enfant? Cela n'est pas sérieux.

ARTHUR

Où le sang a coulé et s'est consommé le parjure, je vois plus qu'un jeu, je vois un crime.

JEAN

Halte-là, beau neveu! Vous oubliez vos méfaits et votre parjure, le seul qui se doive accuser ici. Qui me devait faire hommage à Vernon? Qui cependant est venu apporter la révolte, le feu et le sang dans mes États?

ARTHUR

Je n'ai pas fait de serment; j'ai maintenu mon bon droit.

JEAN

Votre bon droit, le roi Richard vous le déniait en mourant.

ARTHUR

Le noble roi Richard ne pouvait me l'enlever; il n'était pas maître.

JEAN

Vous persistez dans toutes ces folles illusions?

ARTHUR

Je ne veux pas me parjurer.

JEAN

Écoutez, Arthur! Votre fatale obstination peut causer
bien des malheurs... La faute en sera à vous seul; car il
ne sera pas dit que moi, votre roi, votre oncle, votre ami;
— oui Arthur, votre ami, quoi que les circonstances en
témoignent. — Il ne sera pas dit que je n'ai pas tout fait
pour vous éclairer et ramener. Voyons! voulez-vous con-
clure entre nous bonne paix sincère et durable?

ARTHUR

La paix que vous juriez au roi Richard, quand vous
usurpiez sa couronne; à Philippe de France, quand, au
festin d'Evreux, vous faisiez égorger trois cents de ses
barons; et naguère au comte de la Marche, dont vous avez
séduit et enlevé la noble épouse.

JEAN

Je pardonne à votre âge, Arthur, les injures à défaut de
bonnes raisons. Plus tard vous apprendrez, plaise à Dieu

que ce ne soit pas à vos dépens, à quelles extrémités nous
entraîne souvent la politique C'est tout ce que j'en veux
dire, car je n'ai pas à me justifier devant vous. Rentrez
plutôt en vous-même et voyez jour en vos affaires. Que
prétendez-vous? régner en Angleterre, malgré l'Angleterre, après que le roi Richard m'a proclamé son héritier,
que ses barons m'ont reconnu et que, sauf, trois ou quatre
provinces rebelles, tout le pays m'a juré obéissance. Vous
invoquez les droits du sang, le traité de Messire, que
sais-je? Mauvaises chicanes que vous suggèrent des con-
conseillers ineptes ou perfides, pour vous conduire à votre
perte... Mais supposons, si vous le voulez, qu'entre nous
il y ait litige; c'est comme deux braves et loyaux chevaliers qu'il faudrait vider le différend. Or, n'est-ce pas
chose faite? Et la journée de Poitiers comme vous dites,
n'a-t-elle pas décidé entre nous?

ARTHUR

Un guet-apens n'est pas une victoire.

JEAN

Enfant! C'était le seul moyen de vous sauver la vie et
d'épargner le sang de nos soldats. Vous-même paraissiez
l'avoir compris, lorsque le vicomte de Léon...

ARTHUR

Ne profanez pas ce nom. Le héros est devenu un saint.
Que ne suis-je mort avant lui!

JEAN

Et moi j'ai voulu que vous viviez, Arthur : pour vous, pour nous; pour la Bretagne qui vous aime et a tant de raisons de vous aimer; pour l'Angleterre qui doit et peut compter sur votre alliance... Mais voyons jusqu'au bout quels pouvaient être vos desseins. Vaincu à Poitiers et forcé de reconnaître combien de vous à moi la lutte est inégale, vous vous jetiez entre les bras de la France... Imprudence aveugle! La France déjà vous enserrait; elle vous eût étouffé. N'en eûtes-vous pas la preuve à cette journée de Poitiers encore où pour tout secours français vous n'aviez que les promesses de Philippe? Mais peut-être, repoussant deux alliances, également dangereuses, eussiez-vous cherché dans la neutralité le salut... Autre erreur funeste... La lutte s'engageait par-dessus votre tête et vous en payiez tous les frais. De guerre lasse, Philippe et moi nous faisions la paix et pour commune garantie nous nous partagions la Bretagne.

ARTHUR

Voilà en effet une trame bien ourdie; mais il y manque un fil nécessaire. Pour un pareil crime, il faudrait deux rois Jean sur la terre, et, Dieu merci, il n'y en a qu'un... Oui, oui, je me confierai au noble peuple de France... Il n'a pas, il ne peut pas avoir de souverain indigne de lui. Que Philippe n'aime pas les Anglais, qu'il leur rende coup pour coup et ruse pour ruse : c'est justice. Mais il n'a pas levé le bras contre son père; il n'a pas volé la couronne de son frère; il n'a pas tenté d'assassiner lâchement sa sœur et son neveu.

JEAN

Courage, noble varlet! Entassez calomnies sur calomnies, folies sur folies... Et allez de ce pas vous jeter entre les bras de la France. Il fera beau voir un Plantagenet s'armer contre l'Angleterre et le duc de la pieuse Bretagne s'atteler à la suite d'un excommunié... J'espérais, Arthur, trouver en vous, avec le souvenir de votre origine, le respect de ces droits du sang que vous invoquiez si vainement tout à l'heure. Vous n'entendez même plus la voix de Dieu... Et par haine, une haine aussi aveugle qu'impuissante contre un seul homme, vous exposerez sans hésitation comme sans remords les destinées de deux grands peuples; que dis-je? Vous sacrifierez vos sujets eux-mêmes! Je ne le vois que trop, vous êtes l'esclave de ressentiments incurables. Pauvre Arthur! je vous plains, mais pour ce qui est de vous guérir, maintenant j'en désespère... Un mot encore pourtant. Si d'autres, plus heureux, parvenaient à vous persuader; s'ils vous montraient le monde que vous voyez si noir sous des couleurs moins sombres; si ce roi, par exemple, que vous accusez de tous les crimes, n'était en réalité qu'un homme comme les autres hommes, ayant, comme eux tous, ses bons et ses mauvais instincts, ses défauts et ses mérites : si vous, personnellement, vous lui deviez un jour la prospérité de vos États et le bonheur de votre vie : alors, Arthur, n'exagérez pas votre repentir comme aujourd'hui vos griefs et vos colères : revenez à lui simplement, loyalement : et, pour toute expiation, ne lui reparlez jamais de ce qui vient de se passer. Adieu !

SCÈNE V

ARTHUR, seul.

Si d'autres plus heureux... Que veut-il dire? Mais c'est
encore là sans doute quelqu'une de ses ruses infâmes.
L'hypocrite! Et je n'ai pas su lui arracher le masque
odieux dont il se couvre... Et j'ai presque subi malgré
moi l'ascendant de son éloquence infernale... Avec quel
art perfide il profitait de tous ses avantages... S'il disait
vrai pourtant, s'il fallait m'associer à son ingrate politique... Oh! jamais, jamais! Je ne me rappellerais donc
plus les dernières volontés de mon père? Exilé sur la
terre de France, près de mourir, je le vois encore... Son
calme visage respirait la sérénité des élus. Tout à coup ses
traits se contractent; ses bras convulsivement s'agitent,
des flots de paroles se pressent sur ses lèvres qui ne
peuvent les articuler; un mot s'échappe : Mon fils! Con-
duit par ma mère, je m'approche... Il se soulève pénible-
ment et, d'une main défaillante, me donnant sa sainte
bénédiction : Mon fils, peut-il dire encore, mon Arthur!
défie-toi toi toujours de ton oncle! Je le lui promis avec
serment et avec larmes... Hélas! Il ne m'entendait plus...
Ce serment solennel, ma mère me le rappelle souvent;
elle me le redisait encore, au moment de me quitter...
Mon père! ma mère! Je vous obéirai... Quelqu'un. Lui
sans doute. Le beau rôle lui coûtait; il va reprendre son
naturel féroce... Mais non... une femme... Ciel! ! Marie!

SCÈNE VI

ARTHUR, MARIE

ARTHUR

Vous ici, Marie?

MARIE

Oui, Monseigneur, pour vous sauver.

ARTHUR

Des mains de Jean!

MARIE

Pourquoi non?

ARTHUR, à part.

Je tremble. (Haut.) De grâce, daignez m'apprendre...

MARIE

Vous veniez d'être arrêté, Monseigneur, et mon père avec vous. Saisie d'effroi à cette nouvelle, je demeurai long-temps comme anéantie... Enfin je pus prier et pleurer et

j'invoquai ma sainte patronne... Soudain le conseil et la
résolution me revinrent. Il me sembla que le Ciel m'ordon-
nait d'aller trouver le prince, votre oncle, et de lui
demander la grâce de mon père et la vôtre, Monseigneur.
J'obéis et j'ai été exaucée?

ARTHUR

Vous avez vu le roi Jean ; il vous a promis la grâce de
votre père, la mienne... Achevez! C'est lui-même qui vous
a conduite ici?

MARIE

Lui-même. Il exerce envers nous, ma fidèle Morris et
moi, l'hospitalité la plus généreuse.

ARTHUR

Et votre père, Marie?

MARIE

Hélas! Toujours prisonnier à Poitiers, il attend votre
liberté pour obtenir la sienne. Et maintenant, c'est vous
que j'implore, Monseigneur.

ARTHUR

Vous vous êtes confiée à ce traître?

MARIE

N'êtes-vous pas trop sévère, Monseigneur? Lorsqu'un

coupable fait le bien, convient-il de lui reprocher ses fautes?

ARTHUR

Mieux vaut sans doute se jeter dans les bras d'un misérable.

MARIE

Je crois au repentir des méchants...

ARTHUR

Et aux vertus de Jean-sans-Terre... Et vous vous êtes livrée sans crainte à l'adultère époux de Jeanne de Glocester, au séducteur infâme de la comtesse de la Marche!

MARIE

C'était pour sauver les jours de mon père... et les vôtres, Monseigneur!

ARTHUR, à part.

Elle l'avoue! (Haut.) Je comprends... Le roi Jean n'a pu rester insensible à tant de dévouement... Il vous a promis la grâce de votre père, la mienne... A quelles conditions, Marie?

MARIE

Aux conditions que vous-même souhaitiez naguère. Vous renoncerez à cette couronne d'Angleterre trop lourde à votre front; vous reconnaîtrez les droits légitimes

du roi sur les Provinces et demeurerez ainsi comme
autrefois le souverain libre et respecté de notre chère
Bretagne.

ARTHUR

Depuis lors, Marie, bien des changements sont survenus... Sans les dire tous, il en est de si tristes! J'ai juré
fidélité au roi de France, aide et protection aux Provinces.

MARIE

Hélas! je n'entends rien à la science des politiques;
mais il me semble que, pour défendre des droits perdus,
vous vous créez des devoirs imaginaires. Vos serments
envers la France, Philippe vous en a délié par son manque
de foi. Les provinces, elles, ont été réduites ou d'elles-
mêmes se sont soumises. Dans le malheur des temps ne
sont-ce pas raisons suffisantes? Dieu n'a-t-il pas prononcé
et n'est-ce pas la paix qu'il vous commande?

ARTHUR

La paix de la part de Jean! Et c'est vous, Marie, qui me
l'apportez! Ce trait manquait à son odieux caractère...
Vous n'entendez rien à la science des politiques? Moi
non plus, Marie, et je veux toujours l'ignorer. Mais il est
au fond de mon cœur une autre politique, que je sens et
que je cherche, parce que c'est Dieu qui l'y a mise. Cette
politique est simple comme la vérité, courte et énergique
comme elle : *fais ce que dois, advienne que pourra.* Le
manque de foi du roi de France n'excuserait pas ma

félonie : je reste son vassal. Les Provinces ne m'ont pas relevé de mes serments : je demeure leur ami et auxiliaire. Les temps sont difficiles, les rois oppresseurs, les peuples insoumis : double motif pour les hauts barons de prêcher bon exemple. Sans doute le devoir est au-dessus de mes forces; mais Dieu soutient les faibles... Puisse-t-il donc me prendre en pitié! car plus que jamais j'ai besoin de son secours... Dirai-je ici quel espoir il m'avait donné et quelle force je puisais dans un sentiment tout nouveau pour moi et le plus doux de mon cœur? Hélas! un tel soutien m'a trop vite échappé... Abandonné de la fortune, pouvais-je longtemps espérer de l'amour?... Une noble fille devenue ma compagne : à l'ombre du foyer, d'aimables enfants nous partageant leurs caresses : autour de nous les larmes séchées, la misère tarie et, pour prix de quelques bienfaits, les bénédictions de tout un peuple : beau rêve qu'avait pu former le duc de Bretagne dans tout l'éclat de sa puissance : amère déception pour le pauvre Arthur vaincu, captif et... délaissé! Du moins, me disais-je, elle pensera à moi, elle priera pour moi, elle m'estimera si elle ne peut m'aimer... Mais puis-je encore prétendre à l'estime, moi que l'on juge capable d'une bassesse, que l'on vient traiter comme un lâche... Et c'est vous, Marie, qui m'enlevez ma dernière illusion, qui vous faites l'instrument de mes bourreaux! Oh! c'est affreux, affreux! Et malgré mes résolutions, malgré mon devoir, je sens que le courage aussi m'abandonne.

MARIE

Arthur, au nom du Ciel, sauvez mon père!

ARTHUR, amèrement.

Marie, songez un peu moins à notre vie, un peu plus à
notre honneur.

MARIE

Arthur, s'il faut vous implorer à genoux, ayez pitié de
mon père, ayez pitié de moi!

ARTHUR

De vous, Marie? Qu'y a-t-il de commun entre nous?
Souvenirs d'enfance, amitié présente, doux rêve d'avenir.
tout n'est-il pas perdu? Suivons notre destinée, Marie.
Vous aimiez un fils de France : soyez reine d'Angleterre.
Arthur, fidèle à ses serments, doit mourir dans un cachot.

MARIE

Cruel! ce n'est pas assez de tes refus barbares; il faut
y joindre les plus odieux soupçons. Sois donc satisfait!
Non, ce n'est pas une fille qui priait ici pour son père. Je
sens à mon amour que j'en suis indigne. C'est pour toi,
Arthur, que j'ai été trouver ce Jean; pour toi que j'ai
bravé ses insultes en repoussant ses caresses; pour toi
encore que j'apportais de sa part une paix impossible, et
maintenant, s'il faut souffrir et mourir, ingrat! ce sera
encore pour toi... (Elle se couvre le visage de ses deux mains et
pleure.) O mon père! mon père!

ARTHUR

Elle m'aime!! Suis-je assez malheureux! Son amour,
notre avenir est dans mes mains : il faut que je le brise;
son père va périr : je ne puis le sauver... Jean-sans-Terre,
monstre abominable, de tes coups voilà le plus atroce!

MARIE

Cœur plus barbare que celui que tu accuses! Est-il rien
d'égal à ton féroce orgueil! Et il ose se plaindre! Il arra-
chera au désespoir d'une pauvre fille un secret qui devait
mourir avec elle; et quand la malheureuse viendra l'implorer pour son père : « Qu'importe! lui dira-t-il; tu
m'aimes, c'est assez! Vous pouvez mourir tous les deux. »
Oh! Arthur, Arthur! Vous n'avez jamais aimé.

ARTHUR

Marie, ma bien-aimée! Tu n'as donc pas vu et mon inex-
primable ivresse et presque aussitôt mon affreux désespoir?... Ah! que ne puis-je, au prix de tout mon sang...

SCÈNE VII

LES MÊMES, JEAN

JEAN

Je ne demande pas tant, duc de Bretagne.

ARTHUR

Viens, monstre, viens jouir de ton ouvrage.

JEAN

Je viens me venger de vos outrages comme il convient à un Plantagenet. Vous aimez cette noble fille, Arthur : vous l'épouserez ; et je rends la liberté à son père comme à vous-même.

ARTHUR

Achève, car tu ne m'abuses pas... Je lis dans tes yeux ton exécrable joie.

MARIE

Arthur, ne l'outragez pas ! songez à mon père !

JEAN

Ne craignez rien, Madame. A force de bienfaits je veux
le confondre... Vos serments vous arrêtent, duc de Bretagne? Je lève tous vos scrupules. L'armistice de Poitiers
reprend sa force ; les Provinces choisissent entre nous.

ARTHUR, se faisant violence.

Monseigneur!... Vous me voyez ébranlé, je voudrais dire
convaincu... Je suis prêt à tomber à vos genoux, à con-
fesser tous mes torts... J'épouserai Marie Des Roches et
vous bénirai toute ma vie de me l'avoir donnée pour
épouse... Je ne demande qu'une grâce : pour le chevalier
Des Roches, ses amis et moi, la liberté d'abord !

JEAN

Doutez-vous de ma parole?

ARTHUR

Libre, j'accepte vos bienfaits, sans la liberté l'honneur
n'est plus sauf : je les refuse.

JEAN

Vous seriez déjà libre, si je ne craignais Philippe de
France...

ARTHUR

Terminons un débat inutile. Il vous faut ma liberté, ma

vie pour assurer votre repos : prenez-les ! Mais sauvez Des Roches et ses amis, sauvez cette noble fille et je vous bénirai encore.

JEAN

Vous seul pouvez les sauver.

ARTHUR, sans lui répondre.

Hélas ! Marie...

MARIE

C'est votre faute, Arthur. Vous priez l'insulte dans la voix (A Jean.) N'est-ce pas, Monseigneur, que vous entendrez, que vous exaucerez ma prière...? Vous étiez si généreux... Vous acquerrez tant de gloire à la clémence ! Vous ne voudrez pas vous démentir... Hélas ! ce n'est pas pour moi que je prie. Je songe à vous, Monseigneur, à mon pauvre père captif... et à ce jeune prince aussi, puisqu'il est mon souverain... Ne le croyez pas, Monseigneur, quand il s'irrite et vous menace. Il est bon ; il sera reconnaissant. Ne craignez rien, rendez-lui la liberté... Il n'en peut faire qu'un noble usage.

JEAN

Eh bien ! Qu'il renonce aux Provinces, et à l'instant il est libre.

MARIE

Hélas ! hélas ! Parce que deux princes ne peuvent s'accorder je verrai périr mon père : mon père qui n'a d'autre crime à se reprocher que d'avoir voulu leur union et leur

bonheur!... Oh! pour ce père chéri j'oublie tout, je suis
prête à tout... Non, je ne prie plus pour un superbe...
Monseigneur!... je vous ai offensé... prenez aussi ma vie;
mais mon père, mon père! ayez pitié de lui!

JEAN

N'accusez que le duc de Bretagne; n'implorez que lui
seul.

MARIE

Arthur !

ARTHUR

Dieu vous sauve, Marie, et votre noble père.

JEAN

Vous le voulez, vous les perdez tous les deux... A Des
Roches vous ôtez la vie; à sa fille plus que la vie, peut-être,
l'honneur !

MARIE

A mon père la mort! à moi le déshonneur! Et rien n'a
pu le toucher... Et toute sa feinte clémence n'était qu'une
méchanceté de plus... Tes menaces te trahissent, scélérat.
Et c'est ce malheureux prince que tu accuses... Mais dans
tes infâmes cruautés tu n'auras pas la joie du triomphe.
Dieu m'enverra aussi la mort et ne te laissera qu'un
cadavre. (A Arthur.) Oui, Monseigneur, nous mourrons, mais
vos fidèles sujets. A vous tous nos respects, tout notre
amour.

JEAN

Cette vengeance m'échapperait!... Oh' il en est une autre. (Il porte la main à son poignard.)

SCÈNE VIII

LES MÊMES, GUILLAUME DE BRAUSSE

GUILLAUME

Monseigneur, les Français! Ils sont en vue de la citadelle, avec des forces considérables... Déjà une troupe de chevaliers assiége nos murs... Ils réclament le duc de Bretagne et font entendre d'horribles menaces.

JEAN

Éloigne d'abord ceux-ci... Elle, dans mes appartements ; lui, aux fers.

MARIE

Arthur!

ARTHUR

Courage, Marie! Dieu nous aide. (Ils sortent avec Guillaume.)

SCÈNE IX

JEAN, seul.

Les Français! les Français! Oh! voilà mes vrais ennemis... Je ne puis vouloir et agir qu'ils ne soient là pour
me contraindre. J'aime et j'enlève la comtesse de la Marche :
il faut que je la rende à son époux! Je voudrais me débar-
rasser de ce petit prince : il faut qu'il soit libre! Ne
dirait-on pas, à les entendre, qu'ils sont la conscience des
peuples ? Tyrans déguisés, hypocrites insatiables! Oh! que
ne puis-je les frapper tous d'un même coup! Mais ils se
survivent en quelque sorte... Et ce qu'ils veulent, ils le
peuvent... nombreux, armés, disciplinés, unis, ayant des
princes habiles... et respectés, ils forment un royaume
impérissable... Moi aussi j'ai un royaume... Et mes barons
me renient et mes provinces se révoltent!... Serait-ce que
ces Français parlent sans cesse d'honneur et de justice,
tandis que je cherche plus franchement mon intérêt.
Allons donc! Ils ont pour eux la fortune; mais la fortune
change... J'ai bien étouffé ma conscience; j'étoufferai
cette conscience des peuples... Ils me chercheront au
grand jour; je les attendrai dans l'ombre. Ils me voudront
écraser comme un reptile; je leur glisserai sous les pieds
pour les mordre au visage... Leur Arthur, qu'ils réclament, n'est pas mort... Mais il n'est pas encore libre.

FIN DU QUATRIÈME ACTE

ACTE V

UN CHATEAU FORT SUR LA MANCHE

Un cachot. — Porte à gauche vers le fond. — Au fond une fenêtre
grillée. — (Sept heures sonnent.)

SCÈNE PREMIÈRE

ARTHUR, seul sur son grabat.

Sept heures. Quel rêve affreux ! Mais quoi ? sept heures et
pas une prière qui réponde à ma prière, pas une main qui
presse la mienne, pas un rayon de soleil... Ah ! ce rêve, c'est
la réalité, l'horrible réalité... Marie en ce moment peut-être
vouée à l'infamie... de Brausse expiant par l'exil son généreux dévouement ; et moi transféré ici, condamné... Par
quels juges ! Ils ont prononcé la mort... que ne la donnent-
ils ? Faut-il d'autres bourreaux...? Mais pourquoi parler

de justice ? Qui me la rendrait, cette justice ? Le peuple ?
Il est trop lâche : l'esclavage en a fait une brute qui
applaudissait hier à mon triomphe, qui se réjouit aujour-
d'hui de mon opprobre... Les barons ? Ils rampent devant
les rois, un duc de Bourgogne à leur tête ; ou bien avec
un Baudoin de Flandres, ils iront, sous prétexte de Croi-
sade, faire les affaires de Venise et renverser le roi des
Grecs... Les rois alors ? Oh ! les rois ! les rois ! Un Philippe de
France, qui devrait être notre guide et notre père et qui
ne sait qu'envenimer nos différends pour s'enrichir de nos
dépouilles ; intrigant débauché et catholique relaps qui,
par la fraude, s'empare de nos provinces, afin d'en faire
hommage à une concubine, excommuniée comme lui .. En
Angleterre, mon ennemi, mon bourreau, ce roi Jean dont
le nom seul est une insulte... En Allemagne, un Othon
de Brunswick ou un Philippe de Souabe, dignes compéti-
teurs à l'empire qui, Guelfes ou Gibelins, pour ou contre
le pape, rivalisent de crimes et de scandales... Qui donc
encore ? Le pape, le célèbre Innocent III ? Grand homme,
oui, mais plus pressé de faire tonner ses foudres que de
défendre la veuve et l'orphelin. Qu'a-t-il fait pour ma mère
et pour moi ? Ainsi le droit est outrageusement violé,
l'honneur des chevaliers condamné par des bourreaux, la
vertu des femmes victime de la brutalité la plus atroce...
Et personne ne protestera... Et Dieu lui-même le pourra
permettre !.. A quelle fin ? Dans quel but ? De quel exemple
puis-je être au monde ? Quel crime ai-je commis dans ma
vie ?... Et Marie, Marie ! Elle sera morte de désespoir et
de honte ou, pour sauver son honneur, elle aura donné
ses jours... Et je vivrais encore ! Mais ce serait me rendre
le complice de nos bourreaux... Non, non, je ne mourrai

pas de leur main... Honte aux hommes qui laissent tant
de forfaits impunis! Et puisque Dieu m'abandonne........
Mourir, mon Dieu, en blasphémant votre saint nom et
calomniant tous mes frères! Seigneur! Seigneur! pardonnez-moi! Où est-il le crucifix que me donna ma mère et
qui jamais ne m'a quitté? Oh! le voici. (Il le couvre de baisers et
de larmes.)... A quelle fin souffrir? Je le comprends à présent... Souffrir par amour pour vous, Seigneur; et, comme
vous, pour laisser à mes frères un grand et salutaire
exemple... Pardon, mon Dieu! Je veux, je veux souffrir.

SCÈNE II

ARTHUR, TOM, GEORGES

TOM, à Georges.

Le pain ici, l'écuelle là-bas; maintenant les menottes...
Elles arrivent à temps. Le petit traître a l'air d'un enragé...
(A Arthur.) Or çà, beau sire, ne pouvez mourir honnêtement
et faut-il y mettre tant de façons?

ARTHUR

Je suis prêt, mes amis.

TOM

Tu n'as pas d'amis ici.

ARTHUR

Moi, j'aime tout le monde.

TOM

Crie donc : Vive le roi Jean!

ARTHUR

Je prie Dieu qu'il lui pardonne.

TOM

Hypocrite!... Tes mains! (Il va pour lui attacher l'une des menottes.)

GEORGES, tenant l'autre menotte.

Il a, ma foi! la fièvre... Il faudrait peut-être un médecin?...

TOM

Je suis le médecin qu'il lui faut... Et si l'on me laissait faire...

ARTHUR

Ne puis-je voir un prêtre?

TOM

Un prêtre! C'est différent. Mais nous n'y pouvons rien. Georges, va-t'en au gouverneur lui demander ses ordres. (Georges sort.)

SCÈNE III

ARTHUR, TOM

TOM, jetant la menotte et prenant un air de respect.

Monseigneur, vous avez demandé un prêtre. C'est le ciel qui vous inspire. Veuillez lire cette lettre.

ARTHUR

Ce langage... une lettre, après tant d'outrages, que dois-je croire?

TOM

Lisez, Monseigneur!

ARTHUR

De Des Roches! C'est bien son écriture. Et rien que ces trois mots : « Courage et confiance!... » La preuve que ce billet vous ait été remis?

TOM, résolument.

L'évènement prouvera, Monseigneur. Mais ne perdons pas un temps précieux... Et d'abord le signal de votre délivrance. Dans deux heures, lorsque vous entendrez le cantique à la Vierge, vous irez à cette fenètre; une échelle

de corde vous y attendra; des amis seront là pour protéger votre fuite, et... Vive le roi Arthur!

ARTHUR, avec défiance.

Vous oubliez ces barreaux.

TOM

Sciés, Monseigneur.

ARTHUR, même jeu.

On pourrait, on voudrait peut-être me surprendre.

TOM

Je serai là. Mais vous avez demandé un prêtre; il va
venir un religieux du voisinage, un des nôtres. Son minis-
tère éloignera les fâcheux; la sentinelle est gagnée, la
brune épaissit... Courage et confiance, Monseigneur!

ARTHUR

Assez! Vienne le prêtre : il aura ma réponse.

TOM

Du moins, Monseigneur, ne me perdez pas. Voici
Georges.

SCÈNE IV

LES MÊMES, GEORGES

GEORGES

Le prêtre dans un instant; le médecin... plus tard. Le prisonnier pourra, en attendant, visiter la chapelle. Le gouverneur en personne se rend ici.

ARTHUR

Dieu avant les hommes! Conduisez-moi à la chapelle.

GEORGES, lui montrant le chemin.

Comme il commande!

(En ce moment parait le gouverneur; il échange avec Arthur un froid salut et Arthur sort.)

SCÈNE V

LE GOUVERNEUR, TOM, UN OFFICIER, SOLDATS

LE GOUVERNEUR

Toujours haut et fier!... Mais nous ne sommes plus à

Falaise et je ne suis pas un Guillaume de Brausse...
(A Tom, avec intention.) Avez-vous visité ces barreaux?

TOM, même jeu.

Oui, Monseigneur.

LE GOUVERNEUR

Bien. (A l'officier.) Vous, veillez à ce qu'au premier coup
de beffroi toute la garnison soit sous les armes.

L'OFFICIER

Il suffit, Monseigneur. (Ils sortent, excepté Tom.)

SCÈNE VI

TOM, seul.

Mille livres seulement du chevalier Des Roches; dix
milles du roi Jean, sans compter ce qui me reviendra
encore... J'ai fait mon devoir... Il n'y a que les gueux
qui conspirent.

SCÈNE VII

LE MÊME, MARIE, ARTHUR

TOM, à Arthur. qui d'un geste lui ordonne de se retirer.

Monseigneur, si le religieux se présente?

ARTHUR

Vous le ferez entrer. (Tom sort.) Marie, ma bien-aimée, je puis te voir encore !

MARIE

Quittez, Monseigneur, un langage qui n'est pas fait pour moi ; oubliez les excès d'un désespoir que je déplore.

ARTHUR

Des regrets et presque des remords, mon amie ! S'il était pour moi une consolation, n'est-ce pas toi qui me l'aurais donnée?

MARIE

Oh ! Monseigneur, ne me traitez pas ainsi, ne me faites pas mourir de honte.

ARTHUR

Parle vite. Jean, ce monstre?...

12

MARIE

Les Français le pressent, les Provinces se sont insurgées, mon père est libre, la Bretagne menaçante. Et le tyran effrayé, éperdu, lâche comme il l'est toujours devant le danger, ne songe plus qu'à lui-même. Il allait quitter ce château, son dernier repaire, et semblait m'avoir oubliée. J'en remerciais le Seigneur, quand soudain il me fait appeler et d'un ton moitié hypocrite, moitié farouche : « Arthur est condamné, me dit-il; il mourra... Toi seule peux le sauver ». Et il me répéta toutes ses odieuses propositions.

ARTHUR

D'un pareil lâche, je le conçois. La hache est levée; c'est l'instant des épousailles.

MARIE

J'hésitais à le traiter avec plus d'indignation que de mépris, quand, pour m'ôter toute défiance, il me présenta un sauf-conduit. Alors j'acceptai et je suis venue cette fois pour vous sauver, Arthur. Le sauf-conduit était en blanc; j'y ai mis votre nom. Prenez-le, Monseigneur! Partez et que Dieu vous accompagne!

ARTHUR

Et vous, Marie?

MARIE

Dieu aura pitié d'une pauvre fille. Oubliez-moi, Monseigneur; ne songez qu'à la Bretagne.

ARTHUR

Prête à mourir, à braver tous les supplices! Je voudrais, Marie, au prix de tout mon sang, vous prouver mon amour; je ne ferai jamais ce que vous avez fait pour moi... Mais je vous arracherai à ce monstre. Votre sauf-conduit, pauvre enfant, c'était quelque nouvelle perfidie. J'ai de plus sûrs moyens. Connaissez-vous cette écriture?

MARIE

De mon père... Il est ici, il court de nouveaux dangers!

ARTHUR

J'ai lieu de croire que non. Il m'a fait proposer tout un plan d'évasion; j'ai d'abord refusé; maintenant, j'accepte.

MARIE

Mon père! Il peut vous sauver! Je le reverrais avec vous, Arthur!

ARTHUR

Hélas! Marie, à mon tour de vous dire : Oubliez un prince malheureux; ne songez qu'à votre père!

MARIE

Eh quoi, Monseigneur! Ne m'avez-vous pas entendue? Ignorez-vous ce qui se passe? Le tyran lui-même n'a pu

me le cacher. Les Provinces, un moment réduites, se sont
de nouveau insurgées; la Bretagne debout réclame son
souverain; devant ces grandes manifestations, Philippe
lui-même s'est ému; il est entré en Normandie; tout cède
devant ses armes; maître de la Normandie, il se tournera
contre les Provinces; celles-ci voient le danger et n'es-
pèrent qu'en vous. Plus que jamais, vous vous devez à leur
défense.

ARTHUR

Qui suis-je et que peut-on attendre de moi? Je n'ai
causé que trop de maux à ma patrie!

MARIE

Prince, et vos serments!

ARTHUR

Dieu m'en a délié.

MARIE

La Bretagne!

ARTHUR

Je mourrai pour elle.

MARIE

Cruel! Et tous ceux qui vous aiment!... Vos fidèles

sujets vous réclament; vos refus ne les désarmeraient
pas; vos hésitations les peuvent perdre... Dans les Provinces comme en Bretagne, les femmes elles-mêmes se
dévouent à votre cause... Seul le duc Arthur nous ferait-il
défaut?

ARTHUR

Vous le voulez, Marie, vous me persuadez. Tout à
l'heure encore Arthur ne pensait plus qu'au ciel et de la
terre n'emportait qu'un souvenir. Votre vue, votre parole
le rappellent au monde, à ses devoirs... Oui je vivrai, je
combattrai... Mais à tous, même au plus fort, et je suis si
faible! ne faut-il pas des soutiens? Dieu lui-même nous les
donna dans ces saints anges du Ciel qu'il préposa à notre
garde; dans ces anges de la terre, aussi, nos amis et nos
gardiens, au jour de la tristesse et des épreuves. Marie,
l'amie de mon enfance, l'espoir de ma jeunesse, la compagne de tous mes dangers, ne partagerez-vous pas mes
grandeurs? Hélas! mon amie, ce sont toujours sujets de
tristesse et d'épreuves... Vous ne répondez pas, vous dé-
tournez les yeux. Quel motif encore vous arrête? L'inflexible volonté de votre père? Que sais-je? votre propre
fierté, plus jalouse d'un aveugle dévouement que du bonheur de toute ma vie.

MARIE

Je ne cherche que votre gloire, Monseigneur.

ARTHUR

Et vous causerez ma ruine... Pensez-vous que je puisse
porter seul un fardeau dont l'idée m'accable? Je fléchirai

sous le poids, je mourrai à la peine et j'entraînerai dans ma chute les provinces et la Bretage. C'est vous qui l'aurez voulu, Marie... Quelle force j'aurais puisée dans votre amour!

MARIE

Vous avez votre mère, Arthur; votre peuple, Monseigneur. Dieu vous voit.

ARTHUR

Eh bien! qu'il soit notre juge... J'étais prêt au sacrifice; vous refusez de le partager avec moi; je ne m'en sens plus la force; j'y renonce... Non, non, je n'exposerai pas mon bon peuple... Je mourrai pour lui... Je mourrai content, puisque vous le voulez.

MARIE

Je veux!... (A part.) Seigneur! Pardonnez-moi un tel mensonge! (Haut.) J'obéirai au duc de Bretagne.

ARTHUR, à ses genoux.

Marie, ma bien-aimée!!! (Elle le relève.) Reste Des Roches... Mais il est notre vassal; nous saurons bien le réduire.

SCÈNE VIII

LES MÊMES, DES ROCHES, en habit de religieux.

DES ROCHES

Vous l'avez désarmé, Monseigneur.

MARIE

Mon père!

ARTHUR

Lui!

DES ROCHES, même jeu.

Désarmé, désespéré... Que ne prenez-vous cette épée pour me la plonger dans le cœur? Le coup mortel est porté.

ARTHUR

Des Roches, écoutez-moi!

DES ROCHES

A quoi bon? N'ai-je pas vu et entendu?... J'ai bravé les fureurs du roi Jean, au prix de mille dangers je suis rentré en Bretagne, j'ai vendu et distribué tous mes biens

pour armer vos partisans, affronté de nouveau tous les
périls pour arriver jusqu'à vous; et qu'ai-je trouvé? La
trahison, le déshonneur... C'est là ma récompense.

MARIE

Mon père!

DES ROCHES, la repoussant.

Laissez-moi!

ARTHUR

Vous êtes plus qu'injuste, Des Roches; vous êtes
barbare.

DES ROCHES

Oui, n'est-ce pas? J'ai vu s'avilir les plus nobles de nos
barons et l'Angleterre tomber aux mains d'un roi infâme;
je n'avais plus qu'une espérance: vous, Arthur... Et vous
la trahissez! Comment!!... Oh! ce n'est pas mon affront
que je déplore. C'est votre gloire perdue, votre nom
souillé et le malheur de la Bretagne... Qu'attendons-nous?
Est-ce à des infâmes de revendiquer les droits de l'honneur? Appelons le bourreau, marchons ensemble à la
mort, nous l'avons bien méritée.

MARIE, d'une voix déchirante.

Mon père!

ARTHUR

Le bourreau, c'est vous, homme indomptable, père

dénaturé, qui, plutôt que de nous entendre vous livrez à
des fureurs impies. De quel droit calomnier votre fille?
Qui peut la mieux défendre que sa vertu?... Elle m'a fait
l'aveu de son amour, oui, mais dans le désespoir et pour
vous sauver... Et tout à l'heure encore elle me suppliait
avec larmes d'oublier ce cri du cœur dont elle a honte...
Tout à l'heure, savez-vous pourquoi elle venait? Pour me
rendre, avant vous, la liberté et mourir à ma place...
Oh! je n'aurais ni âme ni entrailles si jamais je pouvais
oublier tant de vertu et tant d'amour... Vous avez entendu
ses dernières paroles? Tant mieux! Elle sera, plaise à
Dieu! ma noble épouse, la duchesse de Bretagne.

MARIE

Non, non, mon père. En promettant je priais Dieu de
me pardonner un mensonge.

DES ROCHES

Puis-je encore vous croire!

MARIE, désespérée.

O ma mère, vous l'entendez! Ce n'est pas vous qui
auriez douté de votre fille.

DES ROCHES

Sa mère! Et elle n'a plus que moi... Allons, enfant,
venez ici! Je vous crois; mais soyez juste : c'est votre

honneur que je défends. Nous allons bien vite délivrer ce jeune prince; nous le remettrons sur un bon pied, lui rendrons ses États, sa puissance... Et tout aussitôt nous quitterons la Bretagne pour n'y plus rentrer... Nous saurons bien l'empêcher de se perdre.

ARTHUR

N'espérez pas me vaincre. Sauvez Marie, si elle peut vivre sans moi. Je vais mourir.

DES ROCHES

Le temps s'écoule et chaque minute apporte un danger de plus... Finissons! (A Arthur.) Vous êtes breton, Monseigneur; moi aussi. Je vous rappelle et j'accepte pour ma part un défi plus digne de votre honneur... Défendez la Bretagne, délivrez les provinces, assurez notre commune indépendance; et nous verrons si vous me réduirez.

ARTHUR

Donnez-moi donc votre main, rebelle. Je suis prêt à vous suivre. (Ils s'embrassent.)

DES ROCHES

Il faut attendre maintenant. Nous ne pouvons prendre Marie sur cette barque... La mer est mauvaise... Il faut changer nos préparatifs... Et le temps presse, car nous avons devancé l'heure dans la crainte d'une trahison.

MARIE

Avec vous, mon père, je ne crains rien.

DES ROCHES

Peut-être devras-tu courir les mêmes risques... Je vais voir, je vous quitte... Adieu, Marie! Au revoir, Arthur! Au premier signal soyez prêts.

SCÈNE IX

ARTHUR, MARIE

ARTHUR

Il cédera, Marie.

MARIE

Hélas! Je n'ai que de tristes pressentiments.

ARTHUR

Enfant! N'écoutez pas de vaines frayeurs. Votre père ne vous aime-t-il pas de toute sa tendresse? Et moi, ne suis-je pas le maître? Dieu enfin vous a prise en pitié. A qui le devons-nous? A vous, Marie, à vous seule. Ainsi le veut la divine miséricorde. Les empires chancellent, les peuples

tombent; soudain ils se relèvent... A qui le doivent-ils!...
A leurs vertus? Ils n'ont souvent que des vices. Cependant on les exalte, on les adore et l'on oublie le vrai
Dieu qui seul a fait tout le miracle. Il y avait parmi
ces peuples, dans ces empires, quelque vierge ignorée qui
priait Dieu pour tous; et les larmes de cet ange ont
trouvé grâce devant le Seigneur; elles ont sauvé tous les
coupables... J'espère, Marie, parce que je suis avec vous.

MARIE

Monseigneur !

ARTHUR

Je me réjouis aussi parce que bientôt je pourrai plus
dignement honorer tous vos mérites... Que n'ai-je en mon
pouvoir tous les honneurs de la terre ! Mais Dieu bénira
mon humble hommage : il est trop conforme à sa justice...
(On entend une voix qui va toujours se rapprochant, chanter le cantique à la
Vierge.) Écoutez ce saint cantique, Marie... C'est le signal
de notre délivrance. (Cependant a commencé le cantique de la Vierge;
il continue.)

Salut, astre des mers,
De Dieu mère féconde,
Humble vierge en ce monde,
Qui tiens les cieux ouverts!

C'est le divin salut
Que t'adresse un bel ange;
En Marie Ève change :
C'est la paix, le salut.

Rends le jour à nos yeux,
Délivre des coupables ;
Donne à des misérables
Tous les trésors des cieux.

Montre-toi bien la mère
Du Dieu compatissant
Qui, pour nous, dans ton sang
Puisa la vie amère.

Modèle de douceur,
Aux vertus singulières,
Viens mouiller nos paupières,
Épurer notre cœur.

Assure dans sa voix
Le pauvre voyageur ;
Qu'il ait dans le Seigneur
Son éternelle joie !

Au Seigneur tout-puissant,
Au fils chéri du Père,
A l'Esprit de lumière,
Un seul cœur, un seul chant !

MARIE

Sitôt ! Mon père aurait-il déjà réussi ? Je ne puis le croire. Je vous retarderais, je vous exposerais... Ne perdez pas, pour cela, une occasion précieuse. Partez, Monseigneur !

ARTHUR

Sans toi c'est la mort, Marie; avec toi le salut. Je serai
là, auprès de toi, pour te soutenir et te protéger contre
les flots... Dis, ne voudrais-tu pas me devoir la vie?...
Viens, ma bien-aimée! Je t'ouvre le chemin pour te recevoir dans mes bras.

MARIE

Mon Dieu! ayez pitié de nous!

ARTHUR, au dehors, d'une voix étouffée.

Marie!

SCÈNE X

MARIE, seule.

Arthur! Il m'appelle et ne revient pas... Sa voix semble
étouffée... Et mon père craignait une trahison... Ils auront
été trahis, saisis tous les deux et peut-être... O mon Dieu,
mon Dieu! ne me laissez pas dans ces horribles angoisses...
Mais je suis folle de m'effrayer ainsi... Mon père n'aura
pu arriver à temps; le signal était donné et Arthur est
parti... sans moi... Eh bien! n'est-ce pas ce que je voulais,

ce que je devais vouloir : l'empêcher de se mésallier, mourir pour lui... Malheureuse! C'est qu'alors je n'espérais pas vivre pour lui... Je l'aimais trop; Dieu m'en punit en le frappant... Misérable! Parricide! J'ai causé sa mort, la mort de mon père... (Le beffroi retentit ; on entend des cris de guerre, le cliquetis des armes, tout le fracas d'un siège.) Ce bruit horrible, ce tumulte épouvantable, c'est l'annonce du châtiment qui va m'atteindre... Et pas un instant, pas un peu de calme pour demander pardon à Dieu... Je ne puis... Les peines éternelles... (Les cris de guerre deviennent plus distincts.) France! ai-je entendu... Oh! ce n'est pas un cri de malédiction... (Écoutant plus attentivement.) Oui : France! France!... Je suis sauvée : ce sont les Français... Mon père et Arthur combattent dans leurs rangs; ils vont me délivrer... Merci, mon Dieu! (Le bruit et le tumulte redoublent.)

SCÈNE XI

MARIE, LE GOUVERNEUR, GARDIENS, SOLDATS, puis LOUIS DE FRANCE ET LES FRANÇAIS, puis DES ROCHES, MORRIS, ETC.

LE GOUVERNEUR

Marie Des Roches, vous êtes ma prisonnière.

LOUIS DE FRANCE

Pas pour longtemps, Messire... Rendez-vous! (Les Français occupent la scène.)

MARIE

Mon père, le prince : où sont-ils?... Le prince, échappé par ici...

LOUIS

A moi, mes braves! aux remparts!

DES ROCHES, blessé à mort et couvert de sang.

Il est trop tard... trahi, assassiné! Je devais l'attendre au pied des remparts avec une barque montée par nos marins les plus habiles. Nous abordons... Une autre barque gagnait le large et emmenait Arthur captif... Je la suis à force de rames et je vois Jean lui-même qui, d'une main, avait saisi le pauvre prince par les cheveux et, de l'autre, brandissait un poignard... Arthur pousse un cri déchirant... Ce fut le dernier... Alors le bourreau tourne sa rage contre moi et du fer de sa lance m'atteint en pleine poitrine. (Il tombe épuisé.)

TOUS

Le monstre! A la mer! à la mer!

DES ROCHES, se ranimant.

Trop tard, vous dis-je... Un vaisseau l'attendait... Il fuit

en Angleterre... Arthur! Marie! mes amis!... (Se soulevant.)
Ah! les Français!... (A Louis.) Vous triomphez!... Du moins
vengez-nous... Mon enfant!... Mon Dieu!... Pardon!...

MARIE

Oh! la mort! à moi aussi la mort. (Elle tombe évanouie.)

TOUS

Vengeance! Vengeance!

LOUIS

Justice! C'est la meilleure vengeance.

FIN DU CINQUIÈME ET DERNIER ACTE

TABLE DES MATIÈRES

Paris. — Charles UNSINGER, imprimeur 83 rue de Rue.

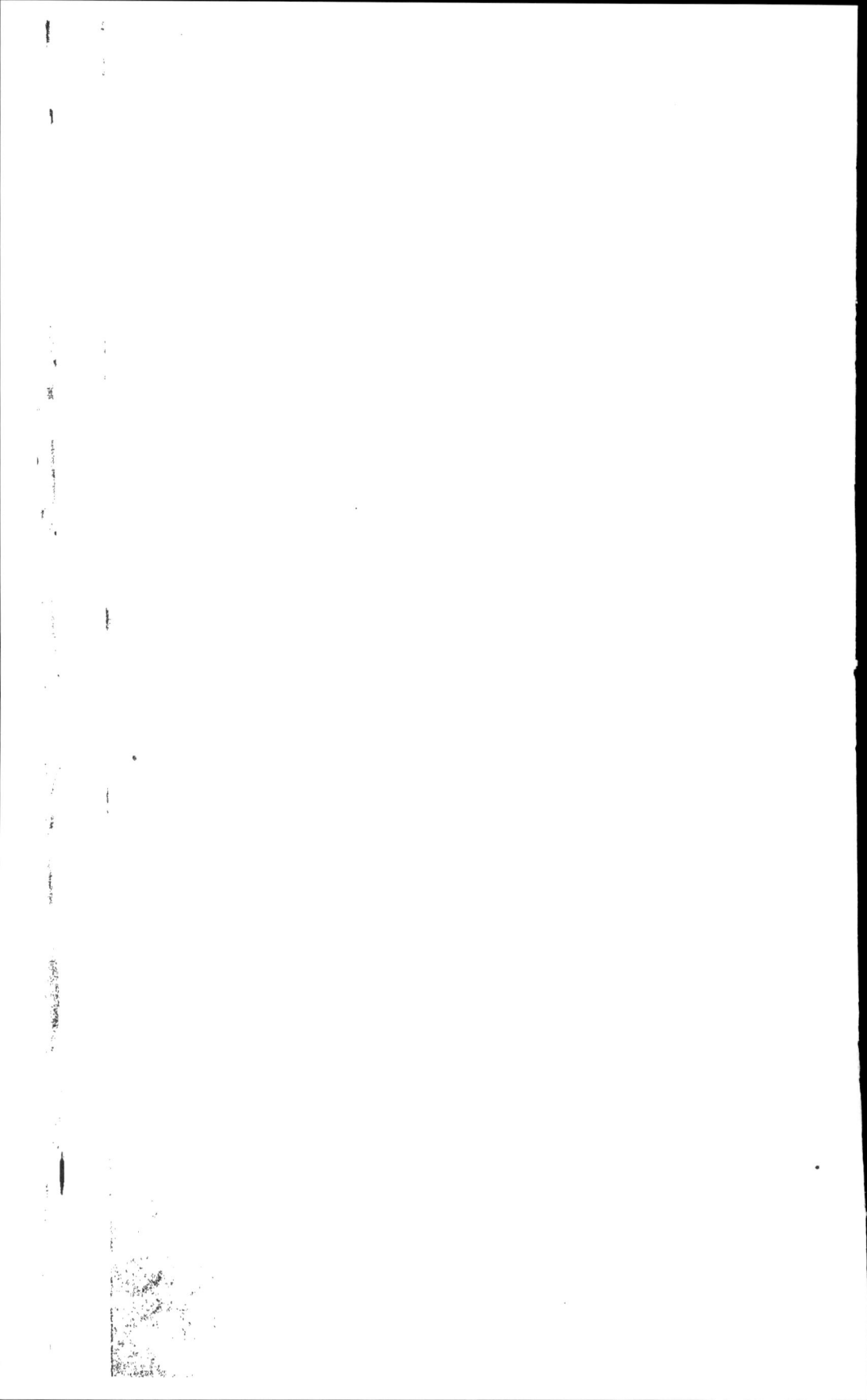

LIVRES D'AMATEURS

ALPHONSE DAUDET

Aventures prodigieuses de Tartarin de Tarascon, 1 beau
vol. in-8 cavalier de 320 pages, illustré de 200 dessins de G. Jeanniot.   10 »

IMBERT DE SAINT-AMAND

Les Femmes de Versailles. La Cour de Louis XIV et la cour de
Louis XV. 1 beau vol. in-8 soleil de 600 pages. Broché. . . . . . . :   20 :
Belle reliure, tranches dorées, fers spéciaux. . . . .   20 :

ARSÈNE HOUSSAYE

Les Confessions. Souvenirs d'un demi-siècle, 1830-1880, 4 vol. grand
in-8, ornés de vignettes et d'eaux-fortes. . . . .   24 »

ÉMILE OLLIVIER

Correspondance authentique . . . .
. . . un grand nombre de lettres inédites . . . . les
vengés. Avec une introduction et des notes . . . . d'un
portrait de Ninon de Lenclos. . . . .   5 »

MAURICE

. . . .

Gens et Pays. — Tra . . . .
matiques. 1 vol. in-8 dou. . . .

Le Visteal de Saint . . .

Contraste insuffisant

NF Z 43-120-14

www.ingramcontent.com/pod-product-compliance
Lightning Source LLC
Chambersburg PA
CBHW071948110426
42744CB00030B/635